JANG: JIWA MASAK KOREA

Meneroka Intipati Jang dalam Masakan Korea melalui 100 Resipi Artistik

Jane Yam

Bahan Hak Cipta ©2024

Hak cipta terpelihara

Tiada bahagian buku ini boleh digunakan atau dihantar dalam apa jua bentuk atau dengan sebarang cara tanpa kebenaran bertulis yang sewajarnya daripada penerbit dan pemilik hak cipta, kecuali petikan ringkas yang digunakan dalam semakan . Buku ini tidak boleh dianggap sebagai pengganti nasihat perubatan, undang-undang atau profesional lain.

ISI KANDUNGAN

ISI KANDUNGAN	3
PENGENALAN	6
DOENJANG (PENAIM SOYA)	**7**
1. Rebusan Sayur Doenjang/Doenjang-Jjigae	8
2. Babi Bakar Maekjeok/Maekjeok	10
3. Sup Kobis Daging/Sogogi Baechu Doenjang-Guk	12
4. Bossam Kimchi Dan Babi Rebus/Bossam	14
5. Sos Ssamjang	17
6. Kimchi Mackerel/Godeungeo Kimchi-Jorim	19
7. Sup Kerang/Sigeumchi Doenjang-Guk	21
8. Doenjang Jjigae (Rebusan Pes Kacang Soya)	23
9. Doenjang Bulgogi (Perap Kacang Soya Daging Lembu Perap) ...	25
10. Vegan Doenjang Jjigae (Rebus Kacang Korea)	27
11. Doenjang Bibimbap (Nasi Campur Sayur)	30
12. Doenjang Chigae Bokkeum (Sayur Pes Kacang Soya Goreng) ...	32
13. Doenjang Gui (Makanan Laut Pes Kacang Soya Bakar)	34
14. Sup Ramen Doenjang	36
15. Salad Tauhu Doenjang	38
16. Lempeng Doenjang (Bindaetteok)	40
GOCHUJANG (PES CILI MERAH YANG DIPERAIM)	**42**
17. Mee Sejuk Gochujang	43
18. Tteokbokki Tumis Dengan Pes Cili/Tteokbokki	45
19. Lidi Tteok Dengan Sos Masam Manis/Tteok-Kkochi	47
20. Ayam Goreng Korea/Dakgangjeong	49
21. Sotong Gulung Dengan Crudités/Ojingeo-Mari	52
22. Salad Lobak Putih Berempah/Mu-Saengchae	55
23. Tauhu Tulen/Rebus Kimchi	57
24. Bibimbap/Bibimbap buatan sendiri	59
25. Mee Kimchi Sejuk/Bibim-Guksu	61
26. Pork Bulgogi/Dwaeji-Bulgogi	63
CHEONGGUKJANG (KACANG SOYA YANG PANTAS)	**65**
27. Cheonggukjang Stew (Cheonggukjang Jjigae)	66
28. Cheonggukjang Bibimbap	68
29. Lempeng Cheonggukjang (Cheonggukjang Buchimgae) ..	70
30. Mee Cheonggukjang (Cheonggukjang Bibim Guksu)	72
31. Nasi Goreng Cheonggukjang dan Kimchi	74
32. Cheonggukjang dan Tumis Sayur	76
SSAMJANG (SOS PENCEN)	**78**
33. Daging Bulgogi Ssambap (Bulgogi Ssambap)	79
34. Babi Barbeku Korea (Samgyeopsal)	81
35. Bungkus Perut Babi Ssamjang (Samgyeopsal Ssam)	84

36. Bungkus Selada Tauhu Ssamjang 86
37. Mangkuk Nasi Daging Ssamjang 88
38. Pinggan Sayur Ssamjang 90

CHUNJANG (SAUS HABBATUS SAUDA) 92
39. Tteokbokki Dengan Pes Kacang Hitam/Jjajang-Tteokbokki 93
40. Jajangmyeon (Mee Kacang Hitam) 96
41. Jajangbap (Semangkuk Nasi Habbatus Sauda) 98
42. Jajang Tteokbokki (Kek Beras Habbatus Sauda) 100
43. Jajang Mandu (Ladu Habbatussauda) 102

YANGNYEOM JANG (KICAP BERPERISAM) 104
44. Perap Pedas/Maeun Yangnyeomjang 105
45. Perapan Barbeku/Bulgogi Yangnyeom 107
46. Yangnyeom Jang Chicken Wings 109
47. Tumis Tauhu Kaca Yangnyeom Jang 111
48. Yangnyeom Jang Lidi Udang Bakar Berkaca 113
49. Sos Pencicah Yangnyeom Jang untuk Ladu 115
50. Tumis Daging Lembu Yangnyeom Jang 117
51. Lidi Salmon Jangnyeom Jang 119
52. Yangnyeom Jang Noodles 121
53. Lidi Tauhu Jangnyeom Jang 123

MAESIL JANG (SOS PLUM) 125
54. Maesil Jang Glazed Chicken Wings 126
55. Maesil Jang Salad Dressing 128
56. Maesil Jang Glazed Salmon 130
57. Teh Ais Maesil Jang 132
58. Sayur Tumis Maesil Jang 134
59. Tumis Babi Kacang Maesil Jang 136
60. Maesil Jang BBQ Ribs 138
61. Teh Panas Maesil Jang dan Halia 140

MATGANJANG (KICAP BERPERINGKAT) 142
62. Nasi Goreng Udang Dan Nanas/Bokkeumbap Hawaii 143
63. Korean Beef Tartare/Yukhoe 145
64. Cendawan Tumis/Beoseot-Bokkeum 147
65. Akar Teratai Masam Manis/Yeongeun-Jorim 149
66. Sup Daging Lembu Dan Sayur Pedas/Yukgaejang 151
67. Lobak Putih Tumis/Mu-Namul 154
68. Kacang Hijau Tumis/Kacang Hijau Bokkeum 156
69. Salad Tauhu/Salad Dubu 158
70. Goreng Ikan/Salad Seangseon-Tuigim 160
71. Tteokbokki Dengan Kicap/Ganjang-Tteokbokki 162
72. Sup Rumpai Laut Ais/Miyeok-Naengguk 164
73. Ikan Siakap Kukus/Domi-Jjim 166
74. Bayam Bijan/Sigeumchi-Namul 169

75. Cod Rolls/Seangseon-Marigui 171
GANJANG (KICAP) 173
    76. Nasi Goreng Kimchi/Kimchi Bokkeumbap 174
    77. Surimi Salad/Keuraemi-Salad 176
    78. Roti Lembu Korea/Tteokgalbi 178
    79. Rusuk Bakar Dihiris Nipis/La Galbi 180
    80. Salad Salad Dengan Sos Kimchi/Sangchu-Geotjeori 182
    81. Salad Leek/Pa-Muchim 184
    82. Telur Dadar, Dan Mangkuk Tuna/Chamchi-Mayo-Deobpab 186
    83. Daging Lembu Japchae/Japchae 188
    84. Bihun Fritters/Gimmari Rumpai Laut 191
    85. Sos Mat Ganjang/Mat Ganjang 194
    86. Ayam Korea Rebus/Dakbokkeumtang 196
    87. Daging Lembu Jangjorim/Sogogi Jangjorim 198
    88. Acar Kicap Timun/Oi Jangajji 200
    89. Kimchi Gimbap/Kimchi-Kimbap 202
SAMBAL IKAN BILIS PERAIM 205
    90. Lempeng Kimchi/Kimchijeon 206
    91. Daging Lembu dengan Cendawan dan Zucchini 208
    92. Zucchini Goreng/Hobak-Namul 210
    93. Kimchi Kubis Cina/Baechu-Kimchi 212
    94. Kimchi Timun/Oi-Sobagi 215
    95. Kimchi Lobak Putih/Kkakdugi 218
    96. Kimchi Kucai/Pa-Kimchi 221
    97. Kimchi Putih 223
    98. Babi Dan Kimchi Tumis/Kimchi-Jeyuk 226
    99. Kimchi Stew/Kimchi-Jjigae 228
    100. Salad Kubis Cina Dengan Sos Kimchi/Baechu-Geotjeori 230
PENUTUP 232

PENGENALAN

Masakan Korea ialah permaidani perisa, aroma dan tradisi, setiap benang ditenun menjadi warisan masakan yang kaya yang telah memikat penggemar makanan di seluruh dunia. Di tengah-tengah perjalanan gastronomi ini terletak unsur utama yang mentakrifkan jiwa masakan Korea—Jang. Dalam "JANG: JIWA MASAK KOREA," kami memulakan penerokaan bahan penting ini, mendedahkan nuansa, kepentingan dan tarian artistik yang dipersembahkan dalam pelbagai resipi.

Jang, istilah yang merangkumi pelbagai sos dan pes yang ditapai, telah menjadi asas ketukangan masakan Korea selama berabad-abad. Kuasa transformatifnya bukan sahaja meningkatkan rasa hidangan tetapi juga menghubungkan generasi melalui pemeliharaan teknik yang dihormati masa. Semasa kami mendalami pengembaraan masakan ini, kami menemui kesenian cef Korea yang mahir menggunakan Jang untuk mencipta hidangan yang bergema dengan tradisi dan inovasi.

Aspek seni masakan Korea dipamerkan melalui 100 resipi yang disusun rapi, setiap satu bukti kepelbagaian Jang. Resipi ini merangkumi spektrum kemungkinan masakan, daripada klasik tradisional yang telah bertahan dalam ujian masa kepada ciptaan kontemporari yang menolak sempadan rasa. Melalui lensa resipi artistik ini, pembaca dijemput untuk menyaksikan perkahwinan tradisi dan inovasi, semuanya diikat bersama oleh kehadiran Jang yang menyatukan.

"JANG: JIWA MASAK KOREA" adalah lebih daripada koleksi resipi; ia adalah simfoni masakan yang meraikan perkahwinan rasa, irama tradisi, dan keharmonian inovasi. Semasa kami melayari permaidani masakan Korea yang meriah, halaman ini menjadi hidup dengan daya tarikan visual dan gastronomi hidangan yang merangkumi semangat Jang. Penerokaan ini adalah satu pujian kepada tukang-tukang yang telah memelihara dan mengembangkan warisan Jang, mewariskan pengetahuan mereka dari generasi ke generasi. Melalui dedikasi mereka, kami dijemput untuk menikmati intipati masakan Korea— tarian perisa yang melangkaui masa dan sempadan.

DOENJANG (PENAIM SOYA)

1.Rebusan Sayur Doenjang / Doenjang-Jjigae

BAHAN-BAHAN:
- 600ml (2 cawan) air
- 12cm (4½ inci) rumpai laut dasima persegi (kombu)
- 1 lobak merah
- 1 biji bawang
- ½ zucchini (labu kuning)
- ½ daun bawang (bahagian putih)
- 150g (5½ oz) cendawan mangadak (shimeji) atau cendawan butang
- ½ cili hijau
- 100g (3½ oz) pes kacang soya doenjang yang ditapai
- 250g (9 oz) tauhu pejal
- 1 sudu teh gochugaru serbuk cili (pilihan)

ARAHAN:
a) Panaskan air dalam periuk dengan api yang tinggi. Bersihkan kepingan rumpai laut dasima di bawah air mengalir dan masukkan ke dalam periuk.
b) Potong lobak merah menjadi bulatan suku setebal 1 cm (½ inci). Cincang kasar bawang. Apabila air mendidih, masukkan lobak merah dan bawang besar.
c) Potong zucchini menjadi bulatan setebal 1.5 cm (⅝ inci) dan masukkannya ke dalam sup sebaik sahaja mendidih semula. Masak selama 10 minit. Sementara itu, potong daun bawang menjadi kepingan pepenjuru tebal 1 cm (½ inci) dan tauhu ke dalam
d) 2 cm (¾ inci) kiub tebal. Keluarkan batang cendawan mangadak dan basuh (untuk cendawan butang, potong empat). Potong cili menjadi bahagian setebal 1 cm (½ inci) dan basuh dengan baik di bawah air mengalir sambil mengeluarkan bijinya.
e) Selepas 10 minit, masukkan doenjang , daun bawang, cendawan, tauhu dan cili . Apabila mendidih semula, reneh selama 5 minit. Habiskan perasa dengan menambah doenjang mengikut citarasa anda. Untuk versi yang lebih pedas, tambahkan gochugaru serbuk cili .

2.Maekjeok / Maekjeok Babi Panggang

BAHAN-BAHAN:
- 3 helai daun bawang hijau
- 700 g (1 lb 9 oz) bahu babi (dalam tulang)
- 80 g (2¾ oz) pes kacang soya doenjang yang ditapai
- 2 sudu besar sos matganjang
- 3 sudu besar lemon yang diawet
- 1 sudu teh halia kisar
- 2 sudu besar alkohol putih (soju atau gin)
- 1 sudu besar minyak bijan

ARAHAN:
a) Potong daun bawang kepada kepingan 7 cm (2¾ inci). Potong bahu babi menjadi kepingan tebal 2 cm (¾ inci). Dengan menggunakan pisau, skor setiap hirisan pada kedua-dua belah, buat corak grid. Berhati-hati untuk tidak memotong kepingan. Campurkan hirisan daging dan kepingan daun bawang dengan doenjang, tikar ganjang, limau yang diawet, halia, alkohol dan minyak bijan.

b) Panaskan ketuhar hingga 180°C (350°F). Letakkan kepingan daging babi, tanpa bertindih, di atas rak gril dengan kuali panggang di bawahnya. Letakkan kepingan daun bawang di sekeliling daging dengan beberapa hirisan lemon yang diawet, jika dikehendaki. Masak selama 30 minit.

c) Selepas dikeluarkan dari ketuhar, buang kepingan daun bawang. Potong daging menjadi kepingan kecil bersaiz gigitan menggunakan gunting. Anda boleh makan seperti ssambap jika anda suka.

3. Sup Kobis Daging/ Sogogi Baechu Doenjang-Guk

BAHAN-BAHAN:
- ½ kubis Cina
- 300 g (10½ oz) stik daging lembu tebal
- 4 ulas bawang putih
- 1 sudu besar minyak bijan
- 2 sudu besar sos matganjang
- 1 liter (4 cawan) air
- 70 g (2½ oz) doenjang yang ditapai kacang soya

ARAHAN:

a) Potong separuh kubis Cina kepada dua perempat. Keluarkan pangkalan. Potong setiap suku kepada kepingan lebar kira-kira 2 cm (¾ inci). Basuh dan toskan. Tepuk daging lembu dengan tuala kertas untuk menyerap darah yang berlebihan. Potong daging lembu kepada kepingan bersaiz gigitan. Hancurkan bawang putih.

b) Panaskan minyak bijan dalam periuk dengan api besar. Masukkan daging, bawang putih dan mat ganjang. Tumis hingga bahagian luar daging lembu masak. Tuangkan air dan biarkan mendidih. Masukkan kobis dan doenjang. Biarkan mendidih selama 15 minit lagi dengan api sederhana.

4.Bossam Kimchi Dan Babi Rebus/ Bossam

BAHAN-BAHAN:
BABI RENDAH
- 600 g (1 lb 5 oz) perut babi tanpa perasa
- 70 g (2½ oz) doenjang pes kacang soya yang ditapai
- 4 ulas bawang putih
- 20 biji lada hitam besar
- ½ bawang
- 4 daun hijau daripada ½ daun bawang
- 250 ml (1 cawan) alkohol putih (soju atau gin)

BOSSAM KIMCHI
- 400 g (14 oz) lobak putih (daikon)
- 6 sudu besar gula
- 1 sudu besar garam laut
- ½ buah pir
- 3 batang kucai bawang putih (atau 2 batang daun bawang/bawang merah, tiada mentol)
- 3 ulas bawang putih
- 20 g (¾ oz) pes cili gochujang
- 3 sudu besar gochugaru serbuk cili
- 3 sudu besar sambal ikan bilis yang diperam
- 2 sudu besar sirap halia
- bahagian kubis cina
- ¼ Kubis Cina dalam air garam, toskan

ARAHAN:
a) Didihkan 1.5 liter (6 cawan) air dalam periuk. Potong daging babi kepada dua bahagian memanjang dan rendam dalam air mendidih. Masukkan doenjang , bawang putih, lada sulah, bawang besar, daun bawang dan alkohol. Reneh selama 10 minit dengan api yang tinggi, ditutup, kemudian 30 minit dengan api sederhana, ditutup sebahagiannya, kemudian 10 minit dengan api yang perlahan.

b) Semasa daging babi dimasak, potong lobak putih menjadi batang mancis 5 mm (¼ inci). Perap dengan 5 sudu besar gula dan garam laut selama 30 minit, campurkan setiap satu

c) 10 minit. Bilas sedikit di bawah air sejuk, kemudian toskan dan picit dengan tangan anda sehingga tiada lagi cecair yang keluar.

d) Potong pir kepada batang mancis 5 mm (¼ inci) dan potong kucai menjadi kepingan 3 cm (1¼ inci). Hancurkan bawang putih. Dalam mangkuk, campurkan lobak, pir, daun kucai, bawang putih, gochujang, gochugaru , sos ikan bilis yang ditapai, 1 sudu besar gula dan sirap halia.
e) Toskan daging babi dan hiris nipis. Hidangkan bersama kimchi bossam . Susun kubis dalam air garam di sebelah selepas mengeluarkan tiga daun luar pertama.
f) Untuk makan, bungkus daging dan kimchi bossam dengan kuat dalam daun kobis.

5.Sos Ssamjang

BAHAN-BAHAN:
- 40 g (1½ oz) pes cili gochujang
- 30 g (1 oz) pes kacang soya doenjang yang ditapai
- 1 sudu teh gula
- 1 sudu besar minyak bijan
- ½ sudu besar bijan
- 2 ulas bawang putih ditumbuk

ARAHAN:
a) Campurkan semua bahan.
b) Sos akan disimpan selama 2 minggu dalam bekas tertutup di dalam peti sejuk.

6. Kimchi Mackerel/ Godeungeo Kimchi- Jorim

BAHAN-BAHAN:
- 500 g (1 lb 2 oz) makarel ½ bawang
- 10 cm (4 inci) daun bawang (bahagian putih)
- 30 g (1 oz) perapan pedas
- 25 g (1 oz) pes kacang soya doenjang yang ditapai
- 2 sudu besar sos ganjang
- 1 sudu besar sirap halia
- 50 ml (kurang ¼ cawan) alkohol putih (soju atau gin)
- 400 g (14 oz) kimchi kubis Cina
- 300 ml (1¼ cawan) air

ARAHAN:
a) usus ikan tenggiri; potong kepala, sirip dan ekor.
b) Potong setiap ikan kembung kepada tiga bahagian. Potong bawang menjadi kepingan selebar 1 cm (½ inci). Potong daun bawang kepada bahagian tebal 1 cm (½ inci) secara menyerong.
c) Sediakan sos dengan mencampurkan perapan pedas, doenjang , mat ganjang , sirap halia dan alkohol.
d) Letakkan kimchi, tanpa memotongnya, di bahagian bawah periuk (sebaik-baiknya ¼ kubis keseluruhan). Masukkan potongan tenggiri di atas kimchi. Tuangkan air, kemudian sos, pastikan ikan ditutup dengan baik. Masukkan bawang besar. Didihkan dengan api yang tinggi, ditutup separa, kemudian reneh selama 30 minit dengan api sederhana-perlahan. Masukkan daun bawang dan kacau bahan-bahan sekali sahaja. Reneh selama 10 minit tambahan.

7.Sup Kerang/ Sigeumchi Doenjang-Guk

BAHAN-BAHAN:
- 250 g (9 oz) bayam segar
- 200 g (7 oz) kerang kecil
- 1.5 liter (6 cawan) air, sebaik-baiknya daripada cucian beras putih ke-3
- 130 g (4½ oz) doenjang pes kacang soya yang ditapai
- 4 sudu besar sos matganjang
- garam

ARAHAN:
a) Basuh bayam segar dengan bersih dan toskan. Bilas kerang dan toskan.
b) Didihkan air. Masukkan pes kacang soya yang diperam doenjang.
c) Apabila doenjang sudah larut, masukkan kerang.
d) Sebaik sahaja mendidih kembali, masak selama 5 minit, kemudian masukkan bayam. Biarkan bayam layu lebih kurang 3 minit. Masukkan tikar ganjang. Periksa perasa dan tambah garam mengikut keperluan.

8. Doenjang Jjigae (Rebusan Pes Kacang Soya)

BAHAN-BAHAN:
- 1 sudu besar minyak bijan
- 1 biji bawang, dihiris
- 2 ulas bawang putih, dikisar
- 1 zucchini, dihiris
- 1 kentang, dikupas dan dipotong dadu
- 1 cawan tauhu, potong dadu
- 3 sudu besar doenjang
- 6 cawan air atau sup sayur-sayuran
- Bawang hijau, dihiris (untuk hiasan)

ARAHAN:
a) Panaskan minyak bijan dalam periuk dan tumis bawang putih dan bawang besar hingga naik bau.
b) Masukkan zucchini, kentang, dan tauhu. Kacau selama beberapa minit.
c) Larutkan doenjang dalam air atau sup dan masukkan ke dalam periuk.
d) Didihkan, kemudian reneh hingga sayur empuk.
e) Hiaskan dengan bawang hijau cincang sebelum dihidangkan.

9.Doenjang Bulgogi (Daging Perap Kacang Soya)

BAHAN-BAHAN:
- 1 paun daging lembu yang dihiris nipis
- 3 sudu besar doenjang
- 2 sudu besar kicap
- 2 sudu besar gula
- 1 sudu besar minyak bijan
- 2 ulas bawang putih, dikisar
- 1 sudu besar halia parut
- Lada hitam, secukup rasa
- Biji bijan (untuk hiasan)

ARAHAN:
a) Campurkan doenjang, kicap, gula, minyak bijan, bawang putih, halia, dan lada hitam dalam mangkuk.
b) Perap daging lembu dalam adunan selama sekurang-kurangnya 30 minit.
c) Panaskan kuali dan tumis daging lembu yang telah diperap sehingga masak.
d) Hiaskan dengan bijan sebelum dihidangkan.

10. Vegan Doenjang Jjigae (Rebus Kacang Korea)

BAHAN-BAHAN:
- 15g (½ auns) cendawan shitake kering (2-4, bergantung pada saiz)
- 1 beg vegan yuksu atau dashi
- 15ml (1 sudu besar) minyak bijan
- 50g (1¾oz) bawang
- 1 ulas bawang putih besar, dikupas
- 125g (4½ oz) dadih kacang sederhana padat
- ½ zucchini Korea, kira-kira 150g (5 ⅓ oz)
- 50g (1¾oz) cendawan shimeji
- 50g (1¾oz) cendawan enoki
- biji cili pisang merah atau hijau
- ½ sudu kecil, atau secukup rasa gochugaru (serpihan cili Korea)
- 50g (1¾oz) doenjang (pes kacang soya yang ditapai)
- 1 biji telur (pilihan, untuk vegetarian)
- 1 biji bawang besar

UNTUK BERKHIDMAT
- nasi kukus Korea atau Jepun
- banchan (lauk-lauk Korea) pilihan anda

ARAHAN:

a) Bilas cendawan shiitake kering dalam air sejuk, kemudian masukkan ke dalam mangkuk dan tambah 300ml (1¼ cawan) air suam. Biarkan rendam pada suhu bilik selama kira-kira dua jam, sehingga lembut. Perah air daripada cendawan, simpan cecair rendaman. Angkat dan ketepikan batang cendawan, kemudian hiris nipis penutupnya.

b) Tuangkan cecair rendaman ke dalam periuk kecil, masukkan batang cendawan yang telah dikhaskan, kemudian biarkan mendidih dengan api sederhana. Tutup api, masukkan beg yuksu atau dashi dan biarkan meresap sambil menyediakan bahan-bahan lain.

c) Kisar bawang besar dan hiris bawang putih. Potong dadih kacang menjadi kiub saiz gigitan. Belahkan zucchini Korea memanjang, kemudian hiris nipis. Potong dan buang bahagian bawah berkayu batang cendawan enoki. Pecahkan cendawan enoki dan shimeji kepada rumpun kecil. Potong cili pisang pada pepenjuru kepada kepingan kira-kira 3mm (⅛in) tebal.

d) Dengan api sederhana rendah, panaskan periuk (sebaik-baiknya periuk batu Korea) yang memuatkan kira-kira 750ml (3 cawan) dan masukkan minyak bijan. Masukkan bawang besar dan bawang putih dan masak sehingga bawang mula lembut, kacau selalu. Taburkan serpihan cili ke dalam periuk dan kacau sentiasa selama kira-kira 30 saat.

e) Keluarkan batang cendawan dan beg yuksu /dashi dari cecair rendaman dan tuangkan 250ml (1 cawan) ke dalam periuk, kemudian masukkan doenjang. Didihkan, kacau selalu, pastikan doenjang larut. Masukkan tudung cendawan shiitake yang dihiris, dadih kacang dan zucchini dan renehkan sehingga labu mula empuk. Masukkan cendawan shimeji dan cili pisang dan reneh selama kira-kira dua minit. Masukkan cendawan enoki dan renehkan sehingga mula empuk.

f) Jika menggunakan, pecahkan telur menjadi pinggan kecil. Gerakkan bahan-bahan dalam periuk ke tepi untuk mencipta kawah yang dalam dan luncurkan ke dalam telur, pastikan kuning telur tidak pecah. Reneh selama beberapa minit sehingga telur menjadi lembut.

g) Kisar bawang besar dan taburkan di atas rebusan. Hidangkan segera bersama nasi kukus dan banchan.

11. Doenjang Bibimbap (Nasi Campur dengan Sayur)

BAHAN-BAHAN:
- Nasi yang telah dimasak
- 2 sudu besar doenjang
- 1 sudu besar minyak bijan
- 1 lobak merah, julienned
- 1 zucchini, julienned
- 1 cawan taugeh, dicelur
- 1 cawan bayam, dicelur
- Telur goreng (sebiji setiap hidangan)
- Biji bijan (untuk hiasan)

ARAHAN:
a) Campurkan doenjang dengan minyak bijan dan kacau ke dalam nasi yang telah dimasak.
b) Susun sayur julienned dan taugeh di atas nasi.
c) Teratas dengan telur goreng dan taburkan bijan sebelum dihidangkan.
d) Campurkan semuanya sebelum makan.

12. Doenjang Chigae Bokkeum (Sayur Pes Kacang Soya Goreng)

BAHAN-BAHAN:
- 2 sudu besar doenjang
- 1 sudu besar gochujang (pes lada merah Korea)
- 1 sudu besar kicap
- 1 sudu besar gula
- 1 sudu besar minyak bijan
- Pelbagai sayur-sayuran (cendawan, lada benggala, lobak merah, dll.)
- 2 ulas bawang putih, dikisar
- 1 sudu besar minyak sayuran

ARAHAN:
a) Campurkan doenjang, gochujang, kicap, gula, dan minyak bijan dalam mangkuk.
b) Panaskan minyak sayuran dalam kuali dan tumis bawang putih hingga naik bau.
c) Masukkan aneka sayur dan tumis hingga agak empuk.
d) Tuang adunan doenjang ke atas sayur dan kacau hingga bersalut.
e) Masak sehingga sayur masak sepenuhnya. Hidangkan panas.

13. Doenjang Gui (Makanan Laut Pes Kacang Soya Bakar)

BAHAN-BAHAN:
- Aneka makanan laut (udang, sotong, kerang)
- 3 sudu besar doenjang
- 2 sudu besar mirin
- 1 sudu besar madu
- 1 sudu besar minyak bijan
- 2 ulas bawang putih, dikisar
- Bawang hijau, dihiris (untuk hiasan)

ARAHAN:
a) Dalam mangkuk, campurkan doenjang , mirin, madu, minyak bijan, dan bawang putih kisar.
b) Perap makanan laut dalam adunan selama 15-20 minit.
c) Bakar makanan laut yang telah diperap sehingga masak.
d) Hiaskan dengan bawang hijau cincang sebelum dihidangkan.

14. Sup Ramen Doenjang

BAHAN-BAHAN:
- 2 sudu besar doenjang
- 4 cawan sup sayur atau ayam
- 2 bungkus mee ramen
- 1 cawan cendawan dihiris
- 1 cawan baby bok choy, dicincang
- 1 lobak merah, dihiris nipis
- 1 sudu besar minyak bijan

ARAHAN:
a) Dalam periuk, larutkan doenjang dalam kuahnya dan biarkan mendidih.
b) Masak mee ramen mengikut arahan pakej.
c) Masukkan cendawan, bok choy, dan lobak merah ke dalam sup. Reneh hingga sayur empuk.
d) Masukkan minyak bijan dan hidangkan di atas mee ramen yang telah dimasak.

15. Salad Tauhu Doenjang

BAHAN-BAHAN:
- 1 blok tauhu pejal, dipotong dadu
- 3 sudu besar doenjang
- 2 sudu besar cuka beras
- 1 sudu besar kicap
- 1 sudu besar minyak bijan
- Sayur salad campur
- Tomato ceri, dibelah dua
- Timun, dihiris

ARAHAN:
a) Pukul doenjang, cuka beras, kicap, dan minyak bijan.
b) Masukkan tauhu kiub ke dalam dressing dan biarkan ia perap selama 15 minit.
c) Susun salad hijau, tomato ceri, dan timun di atas pinggan.
d) Teratas dengan tauhu yang diperap dan gerimis dengan dressing tambahan jika mahu.

16. Doenjang (Bindaetteok)

BAHAN-BAHAN:
- 1 cawan kacang hijau yang telah direndam dan dikisar
- 2 sudu besar doenjang
- 1/2 cawan kimchi dicincang
- 1/4 cawan bawang hijau dicincang
- 2 sudu besar minyak sayuran

ARAHAN:
a) Campurkan kacang hijau yang dikisar, doenjang, kimchi dan bawang hijau dalam mangkuk.
b) Panaskan minyak dalam kuali. Sudukan adunan ke dalam kuali untuk membentuk lempeng kecil.
c) Masak sehingga perang keemasan di kedua-dua belah.
d) Hidangkan dengan sos pencicah yang diperbuat daripada kicap, cuka beras, dan minyak bijan.

GOCHUJANG (PES CILI MERAH YANG DIPERAIM)

17. Gochujang Mee Sejuk

BAHAN-BAHAN:
- 2 ulas bawang putih, ditumbuk
- 3 sudu besar gochujang, pes pedas panas
- 1 ketul halia segar saiz ibu jari, dikupas dan diparut
- ¼ cawan cuka wain beras
- 1 sudu teh minyak bijan
- 4 biji lobak, dihiris nipis
- 2 sudu besar kicap
- 4 biji telur, rebus lembut
- 1 ½ cawan mi soba, masak, toskan dan segar
- 1 timun telegraf, dihiris besar
- 2 sudu teh, 1 daripada setiap biji bijan hitam dan putih
- 1 cawan kimchi

ARAHAN:
a) Masukkan sos panas, bawang putih, kicap, halia, cuka wain dan minyak bijan ke dalam mangkuk dan gaul bersama .
b) Masukkan mi dan gaul rata, pastikan ia disalut dengan sos.
c) Letakkan ke dalam mangkuk hidangan, kini masukkan setiap lobak, kimchi, telur dan timun.
d) Selesai dengan membersihkan biji benih.

18. Tteokbokki Tumis Dengan Pes Cili / Tteokbokki

BAHAN-BAHAN:
- 4 biji telur
- 2 batang daun bawang (tiada mentol)
- 200 g (7 oz) pes ikan
- 500 ml (2 cawan) air
- 1 kiub stok sayur
- 4 sudu besar gula
- 300 g (10½ oz) tteokbokki tteok
- 40 g (1½ oz) pes cili gochujang
- 1 sudu besar gochugaru serbuk cili
- 1 sudu besar kicap
- ½ sudu besar serbuk bawang putih

ARAHAN:

a) Telur rebus keras. Potong daun bawang kepada bahagian 5 cm (2 inci), kemudian separuh memanjang. Potong pes ikan secara menyerong ke dalam bahagian tebal 1.2 cm (½ inci).

b) Tuangkan air ke dalam kuali. Masukkan kiub pati dan gula. Didihkan, kemudian segera kecilkan api ke sederhana dan masukkan tteokbokki tteok. Reneh selama 5 minit, kacau untuk mengelakkannya daripada melekat pada bahagian bawah kuali atau antara satu sama lain, asingkan jika perlu. Masukkan gochujang, gochugaru, kicap, serbuk bawang putih dan pes ikan.

c) Masak selama 10 minit, kacau selalu, sebelum menambah telur rebus yang telah dikupas dan daun bawang. Memasak dilakukan apabila tteokbokki tteok lembut dan sos telah berkurangan separuh dan menyaluti bahan dengan baik.

19. Lidi Tteok Dengan Sos Masam Manis/ Tteok-Kkochi

BAHAN-BAHAN:
- 36 tteokbokki tteok
- 3 sudu besar sos tomato
- 2 sudu besar gula
- 1 sudu kecil serbuk bawang putih
- 3 sudu besar kicap
- ½ sudu besar gochugaru serbuk cili
- 15 g (½ oz) pes cili gochujang
- 50 ml (kurang ¼ cawan) air
- 2 sudu besar sirap jagung Minyak sayuran neutral

ARAHAN:
a) Didihkan periuk air. Tenggelamkan tteokbokki tteok dalam air mendidih selama 3 minit, kemudian toskan. Apabila ia telah sejuk sedikit, benangkannya pada enam lidi kayu (enam tteok setiap lidi). Jika tteokbokki tteok baru sahaja dibuat , langkau langkah pertama ini dan sediakan lidi tanpa membiarkannya kering selama 30 minit.
b) Satukan sos tomato, gula, serbuk bawang putih, kicap, gochugaru , gochujang dan 50ml (kurang ¼ cawan) air dalam periuk. Didihkan dan kecilkan api. Reneh selama 5 minit, kacau perlahan-lahan. Tutup api dan sedikit demi sedikit masukkan sirap jagung.
c) Tuangkan minyak sayuran ke dalam kuali sehingga separuh ketinggian tteokbokki tteok . Panaskan dan masak setiap lidi selama 3 minit di kedua-dua belah.
d) Letakkan lidi di atas dulang dan sapu setiap sisi dengan sos menggunakan berus pastri. Nikmati.

20. Ayam Goreng Korea/ Dakgangjeong

BAHAN-BAHAN:
- 700 g (1 lb 9 oz) dada ayam, di atas kulit
- 150 ml (½ cawan) susu
- 2 sudu kecil garam
- 1 sudu kecil paprika lembut
- 1 sudu kecil serbuk kari kuning lembut
- 2 sudu kecil serbuk bawang putih
- 600 g (1 lb 5 oz) adunan goreng Korea
- 1 liter (4 cawan) minyak sayuran neutral
- 3 biji badam (atau kacang tanah)

SOS YANGNYEOM
- ¼ epal ½ bawang
- 3 ulas bawang putih
- 100 ml (kurang ½ cawan) air
- 5 sudu besar sos tomato
- 20 g (¾ oz) pes cili gochujang
- 1 sudu besar gochugaru serbuk cili
- 4 sudu besar kicap
- 2 sudu besar gula
- 5 sudu besar sirap jagung
- 1 secubit lada sulah

ARAHAN:

a) Potong dada ayam kepada kepingan bersaiz kecil (A). Tuangkan susu ke atas kepingan ayam (B). Tutup dan biarkan berehat selama 20 minit.

b) Toskan ayam menggunakan colander. Letakkan kepingan ayam dalam mangkuk dengan garam, paprika, kari dan serbuk bawang putih. Urut rempah ke dalam ayam. Gaulkan dengan adunan goreng tadi.

c) Panaskan minyak hingga 170°C (340°F). Untuk memeriksa suhu, biarkan setitik adunan jatuh ke dalam minyak: jika ia serta-merta naik ke permukaan, suhu adalah betul. Pastikan setiap ketul ayam disalut dengan adunan dan masukkan ke dalam minyak (C). Potongan ayam tidak boleh melekat antara satu sama lain dalam minyak. Goreng lebih kurang 5 minit. Keluarkan ayam dan biarkan ia mengalir selama 5 minit di atas rak dawai. Goreng lagi selama 3 minit dan biarkan toskan selama 5 minit.

d) Untuk sos yangnyeom , haluskan epal, bawang merah dan bawang putih dalam pemproses makanan kecil. Satukan dengan air, sos tomato, gochujang, gochugaru , kicap, gula, sirap jagung dan lada sulah. Panaskan adunan dalam kuali tumis atau kuali dengan api yang tinggi. Apabila sos mendidih, sejurus sebelum mendidih, kecilkan api. Campurkan dengan sangat lembut sekali atau dua kali. Rebus selama 7 minit, kacau. Masukkan ayam goreng dan panaskan dengan api sederhana. Salut ayam dengan sos (D) dengan teliti kemudian reneh selama 2 minit. Hidangkan ditaburkan dengan badam atau kacang tanah (EF) yang dihancurkan.

e) TAMBAH Anda boleh menghidangkan ayam ini dengan beberapa acar lobak putih yang dipotong dadu dan hiaskan dengan beberapa hirisan lemon yang diawet, dipanggang dalam ketuhar, jika mahu.

21. Sotong Gulung Dengan Crudités/ Ojingeo - Mari

BAHAN-BAHAN:
- 4 tiub sotong
- ½ capsicum merah (lada)
- ½ capsicum kuning (lada)
- lobak merah
- 10 cm (4 inci) sekeping timun
- 20 keping jeruk lobak putih bulat-bulat

SOS PEDAS
- 25 g (1 oz) pes cili gochujang
- 1 sudu besar cuka epal atau cider epal
- 1 sudu besar gula
- 1 sudu besar lemon yang diawet
- ½ sudu besar kicap
- 1 sudu teh minyak bijan
- 1 secubit bijan

SOS TAK PEDAS
- 1 sudu besar kicap
- ½ sudu besar gula
- 2 sudu besar cuka epal atau cider epal
- ½ sudu teh mustard
- 2 biji kucai, dihiris

ARAHAN:
a) Keluarkan kulit tiub sotong dan paruh jernih pusat jika perlu, kemudian basuh dan toskan. Buka tiub separuh. Pada permukaan luar sotong, skor corak grid yang sangat ketat dengan pisau tajam tanpa menusuk.
b) Didihkan periuk air masin. Rendam tiub sotong ke dalam air. Masak selama 5 minit, kemudian toskan. Biarkan sejuk.
c) Potong capsicum dan lobak merah ke dalam batang mancis 5 mm (¼ inci). Menggunakan pisau, keluarkan bahagian tengah timun dengan biji; hanya bahagian luar sahaja yang akan digunakan . Potong batang mancis.
d) Dalam setiap tabung sotong susun 5 hirisan jeruk lobak putih, sedikit lobak merah, timun dan capsicum. Tutup dengan menggulung. Tusuk gulungan setiap 2 cm (¾ inci) dengan pencungkil gigi. Potong antara setiap pencungkil gigi untuk membuat gulungan kecil.
e) Campurkan bahan sos pilihan anda (pedas atau tidak pedas) dan nikmati dengan mencelup gulungan sotong dalam sos.

22. Salad Lobak Putih Pedas/Mu- Saengchae

BAHAN-BAHAN:
- 450 g (1 lb) lobak putih (daikon)
- ½ sudu besar garam 3 sudu besar gula
- 1 batang daun bawang (tiada mentol)
- 3 ulas bawang putih
- 15 g (½ auns) gochugaru serbuk cili
- 4 sudu besar cuka epal atau cider epal
- 1 sudu besar sos ikan bilis yang diperam
- 1 sudu kecil bijan
- ½ sudu teh halia kisar
- garam

ARAHAN:
a) Potong lobak putih menjadi batang mancis. Campurkan lobak dengan garam dan gula, berdiri selama 10 minit, kemudian toskan jusnya. Potong daun bawang kepada bahagian 5 mm (¼ inci) dan hancurkan bawang putih.
b) Selepas 10 minit masa berdiri, satukan semua sayur-sayuran di dalam mangkuk yang mengandungi lobak putih yang telah dikeringkan. Masukkan gochugaru , cuka, sos ikan bilis, bijan dan halia kisar. Gaul rata dan biarkan selama sekurang-kurangnya 30 minit supaya lobak mengambil rasa perasa.
c) Hidangkan sejuk, sesuaikan perasa dengan sedikit garam mengikut keperluan.

23.Tauhu Tulen/Rebus Kimchi

BAHAN-BAHAN:
- 300 g (10½ oz) bahu babi tanpa tulang
- 280 g (10 oz) kimchi kubis Cina
- 2 ulas bawang putih
- ½ sudu besar gula
- ½ sudu besar minyak bijan
- 700 g (1 lb 9 oz) tauhu pejal
- 2 sudu besar minyak sayuran neutral
- 1 sudu teh gochugaru serbuk cili (pilihan)
- 400 ml (1½ cawan) air
- 10 cm (4 inci) daun bawang (bahagian putih)
- 2 sudu besar sos ikan bilis yang diperam
- garam

ARAHAN:

a) Potong bahu babi menjadi kiub 1 cm (½ inci). Letakkan kimchi dalam mangkuk dan gunakan gunting untuk memotongnya menjadi kepingan kecil.

b) Hancurkan bawang putih dan masukkan kimchi bersama gula dan minyak bijan. Masukkan daging babi dan gaul rata dengan tangan anda.

c) Hancurkan tauhu dengan penumbuk kentang, pastikan tiada kepingan besar yang tinggal.

d) Panaskan minyak sayuran dalam periuk. Apabila panas, masukkan campuran daging babi dan kimchi. Tumis selama 8 minit, masukkan gochugaru serbuk cili untuk versi yang lebih pedas.

e) Masukkan air. Biarkan mendidih dan masak selama 10 minit. Sementara itu, potong daun bawang menjadi jalur nipis. Masukkan tauhu yang telah dihancurkan ke dalam periuk bersama sambal ikan bilis yang diperam. Masak selama 5 minit. Periksa perasa dan sesuaikan dengan garam mengikut keperluan. Masukkan daun bawang dan masak selama 5 minit. Hidangkan panas.

24. Bibimbap / Bibimbap buatan sendiri

BAHAN-BAHAN:
- 1 sudu besar neutral
- minyak sayuran
- 1 biji telur
- 1mangkuk nasi putih masak, panas
- 1 genggam lobak putih tumis
- 1 genggam bijan bayam
- 1 genggam salad lobak putih pedas
- 1 genggam bijan
- taugeh
- 1 genggam cendawan tumis
- 1 genggam zucchini tumis
- Kacang pain atau bijan Sos
- 20 g (¾ oz) pes cili gochujang
- 1 sudu besar minyak bijan

ARAHAN:

a) Salutkan kuali berdiameter 9 cm (3½ inci) dengan minyak sayuran. Panaskan minyak dengan api sederhana. Pecahkan telur ke dalam kuali. Dengan menggunakan sudu, perlahan-lahan gerakkan kuning telur supaya ia kekal di tengah. Pegang kuning telur seperti ini sehingga ia set. Kecilkan api dan goreng hingga putih telur masak.

b) Masukkan semangkuk nasi panas ke bahagian bawah mangkuk hidangan. Letakkan telur di atas kubah beras dengan kuning telur elok di tengah. Susun lobak putih tumis, bayam bijan, salad lobak putih pedas, taugeh, cendawan tumis dan zucchini tumis di sekeliling telur. Warna yang sama bahan-bahan tidak boleh bersentuhan antara satu sama lain. Taburkan beberapa biji kacang pain atau bijan di atasnya.

c) Campurkan bersama bahan sos dan gerimis terus ke dalam mangkuk hidangan. Untuk versi yang kurang pedas, gantikan gochujang dengan kicap.

d) Untuk makan bibimbap , campurkan semua bahan dengan sudu, potong telur menjadi kepingan. bahan -bahan dan sos mesti diagihkan sama rata.

25. Mee Kimchi Sejuk/ Bibim-Guksu

BAHAN-BAHAN:
- 1 biji telur
- 120 g (4¼ oz) kimchi kubis Cina
- 1 sudu teh gula
- 1 sudu teh minyak bijan
- 5 cm (2 inci) timun
- 200 g (7 oz) mi somyeon (somen)

SOS
- 60 g (2¼ oz) pes cili gochujang
- 5 sudu besar cuka epal atau cider epal
- 3 sudu besar gula
- 3 sudu besar kicap
- 2 sudu kecil serbuk bawang putih
- 2 sudu teh minyak bijan
- 2 sudu kecil bijan
- 1 secubit lada

ARAHAN:
a) Tenggelamkan telur dalam periuk air sejuk dan biarkan mendidih. Masak selama 9 minit, kemudian segarkan telur di bawah air sejuk dan kupas. Basuh kimchi dan perah di tangan anda untuk mengeluarkan jus, kemudian potong kecil. Gaul rata dengan gula dan minyak bijan. Potong timun menjadi batang mancis.
b) Campurkan semua bahan sos.
c) Didihkan air masin dalam periuk dan masukkan mee somyeon . Apabila air mendidih lagi, tambahkan 200 ml (¾cawan) air sejuk. Ulangi proses ini untuk kali kedua.
d) Pada mendidih ketiga, toskan mi. Siramkannya di bawah air sejuk, gunakan tangan anda untuk menghanyutkannya untuk mengeluarkan sebanyak mungkin kanji.
e) Susun mee di tengah-tengah mangkuk hidangan. Tuang sedikit sos ke dalam setiap mangkuk, kemudian susun kimchi dan timun di atas. Letakkan separuh telur rebus di tengah setiap mangkuk. Campurkan semua bahan bersama semasa anda makan.

26.Bulgogi Babi / Dwaeji-Bulgogi

BAHAN-BAHAN:
- 700 g (1 lb 9 oz) bahu babi
- 2 sudu besar sirap halia
- 1 sudu besar gula
- 1 lobak merah
- zucchini (labu kuning)
- 1 biji bawang
- 10 cm (4 inci) daun bawang (bahagian putih)
- 60 g (2¼ oz) perapan pedas
- 20 g (¾ oz) pes cili gochujang
- 6 sudu besar kicap
- 1 sudu besar sos ikan bilis yang diperam
- 2 sudu besar alkohol putih (soju atau gin)

ARAHAN:

a) Potong nipis daging babi. Perap hirisan daging babi dalam sirap halia dan gula selama 20 minit.

b) Potong lobak merah kepada tiga bahagian, kemudian setiap bahagian menjadi separuh memanjang dan terakhir menjadi jalur memanjang. Potong zucchini kepada dua bahagian, kemudian setiap bahagian menjadi separuh memanjang dan terakhir menjadi jalur memanjang. Potong bawang separuh, kemudian menjadi kepingan selebar 1 cm (½ inci). Potong daun bawang kepada bahagian 1 cm (½ inci) secara menyerong.

c) Campurkan daging dengan perapan pedas, gochujang, kicap, sambal ikan bilis yang diperam dan alkohol. Panaskan kuali. Apabila panas, masukkan daging dan tumis selama 20 minit dengan api yang tinggi.

d) Masukkan sayur. Tumis selama 10 minit. Bila sayur dah empuk sikit, hidangkan panas. Anda juga boleh makan ini seperti ssambap , jika mahu.

CHEONGGUKJANG (KACANG SOYA YANG PANTAS)

27. Cheonggukjang Stew (Cheonggukjang Jjigae)

BAHAN-BAHAN:
- 1 cawan cheonggukjang
- 1/2 cawan tauhu, potong dadu
- 1/2 cawan zucchini, dihiris
- 1/2 cawan cendawan, dihiris
- 1/4 cawan bawang besar, dihiris nipis
- 2 ulas bawang putih, dikisar
- 1 bawang hijau, dicincang
- 1 sudu besar kicap
- 1 sudu teh minyak bijan
- 4 cawan air

ARAHAN:
a) Dalam periuk, masak air sehingga mendidih.
b) Masukkan cheonggukjang dan kecilkan api hingga mendidih.
c) Masukkan tauhu, zucchini, cendawan, bawang merah, dan bawang putih.
d) Masak hingga sayur empuk.
e) Perasakan dengan kicap dan minyak bijan.
f) Hiaskan dengan bawang hijau yang dihiris.

28. Cheonggukjang Bibimbap

BAHAN-BAHAN:
- 2 cawan nasi masak
- 1 cawan cheonggukjang
- 1 cawan bayam, dicelur
- 1 cawan taugeh, dicelur
- 1 lobak merah, direbus dan ditumis
- 1 zucchini, julienned dan tumis
- 2 biji telur goreng
- Minyak bijan, untuk gerimis
- Kicap, untuk dihidangkan

ARAHAN:
a) Letakkan nasi dalam mangkuk.
b) Susun cheonggukjang, bayam, taugeh, lobak merah dan zucchini di atasnya.
c) Teratas dengan telur goreng.
d) Siram dengan minyak bijan dan hidangkan bersama kicap.

29. Lempeng Cheonggukjang (Cheonggukjang Buchimgae)

BAHAN-BAHAN:
- 1 cawan cheonggukjang
- 1/2 cawan tepung serba guna
- 1/4 cawan air
- 1/2 biji bawang besar, hiris nipis
- 1/2 lobak merah, julienned
- Minyak sayuran untuk menggoreng
- Sos pencicah kicap

ARAHAN:
a) Dalam mangkuk, campurkan cheonggukjang, tepung, dan air untuk membuat adunan.
b) Masukkan hirisan bawang besar dan lobak merah julienned ke dalam adunan.
c) Panaskan minyak dalam kuali dengan api sederhana.
d) Sudukan adunan ke dalam kuali untuk membuat penkek.
e) Goreng sehingga perang keemasan di kedua-dua belah.
f) Hidangkan bersama sos pencicah kicap.

30. Cheonggukjang (Cheonggukjang Bibim Guksu)

BAHAN-BAHAN:
- 200g mee soba, masak dan sejukkan
- 1 cawan cheonggukjang
- 1 sudu besar gochujang (pes lada merah Korea)
- 1 sudu besar minyak bijan
- 1 timun, julienned
- 1 lobak, julienned
- Biji bijan untuk hiasan

ARAHAN:
a) Dalam mangkuk, campurkan cheonggukjang, gochujang, dan minyak bijan.
b) Masukkan mee soba yang telah dimasak dan disejukkan ke dalam sos.
c) Toskan mee dengan timun dan lobak.
d) Hiaskan dengan bijan sebelum dihidangkan.

31. Cheonggukjang dan Nasi Goreng Kimchi

BAHAN-BAHAN:
- 2 cawan nasi masak
- 1 cawan cheonggukjang
- 1 cawan kimchi, dicincang
- 1/2 cawan perut babi atau tauhu, dipotong dadu
- 1/4 cawan bawang hijau, dicincang
- 2 ulas bawang putih, dikisar
- 2 sudu besar kicap
- 1 sudu besar minyak bijan
- 1 biji telur goreng (pilihan)

ARAHAN:
a) Panaskan minyak dalam kuali dan tumis perut babi atau tauhu hingga masak.
b) Masukkan bawang putih kisar, cheonggukjang dan kimchi. Kacau hingga sebati.
c) Masukkan beras yang telah dimasak dan tumis hingga panas.
d) Perasakan dengan kicap dan minyak bijan.
e) Teratas dengan bawang hijau cincang dan telur goreng jika mahu.

32.Cheonggukjang dan Tumis Sayur

BAHAN-BAHAN:
- 1 cawan cheonggukjang
- 2 cawan sayur campur (lada benggala, brokoli, lobak merah, dll.)
- 1/2 cawan tauhu pejal, dipotong dadu
- 2 sudu besar kicap
- 1 sudu besar minyak bijan
- 1 sudu besar minyak sayuran
- Biji bijan untuk hiasan

ARAHAN:
a) Panaskan minyak sayuran dalam kuali atau kuali.
b) Masukkan tauhu dan tumis hingga kekuningan.
c) Masukkan sayur campur dan masak hingga agak empuk.
d) Masukkan cheonggukjang , kicap, dan minyak bijan.
e) Masak sehingga sebati dan dipanaskan.
f) Hiaskan dengan bijan sebelum dihidangkan.

SSAMJANG (SOS CENDAM)

33. Daging Bulgogi Ssambap (Bulgogi Ssambap)

BAHAN-BAHAN:
- 700 g (1 lb 9 oz) rusuk utama daging lembu, dihiris sangat nipis

PERAP BARBEKU
- 1 sudu besar minyak bijan
- ½ bawang
- 3 cendawan pyogo (shiitake) atau cendawan butang
- ½ lobak merah
- 10 cm (4 inci) daun bawang (bahagian putih)

PENGISIAN SAMBAP
- ½ cos salad Nasi putih masak, panas
- Sos Ssamjang
- 1 endive
- Acar lobak putih

ARAHAN:
a) Potong daging lembu yang dihiris nipis menjadi jalur bersaiz gigitan. Tuangkan perapan barbeku dan minyak bijan ke atas daging dan gaul hingga menyaluti daging. Biarkan berehat di dalam peti sejuk selama sekurang-kurangnya 12 jam.
b) Potong bawang dan cendawan menjadi jalur, lobak merah menjadi batang mancis dan daun bawang putih menjadi kepingan 5 mm (¼ inci) menyerong.
c) Panaskan kuali. Apabila sudah panas, masukkan daging dan perap ke dalam kuali dan ratakan ke seluruh permukaan. Masukkan sayur. Kacau selalu selama kira-kira 10 minit sehingga daging masak sepenuhnya.
d) Basuh daun cos dan isi dengan nasi sebesar suap dan sedikit sos ssamjang . Basuh daun endive dan isi dengan hirisan acar lobak putih, sedikit nasi dan sedikit sos ssamjang . Makan daun yang berisi daging.
e) Daging boleh disimpan mentah dalam perapannya di dalam peti sejuk sehingga 2 hari.

34.Babi Barbeku Korea (Samgyeopsal)

BAHAN-BAHAN:
- 1 kg (2 lb 4 oz) perut babi tanpa perasa, dihiris
- 8 cendawan butang
- 2 biji cendawan saesongyi (cendawan tiram raja)
- 1 biji bawang
- 300 g (10½ oz) kimchi kubis Cina
- Sos Ssamjang
- Garam dan lada laut

NASI GORENG
- 2 mangkuk nasi putih masak
- 1 biji kuning telur
- 200 g (7 oz) kimchi kubis Cina
- Sedikit rumpai laut gim (nori)
- 1 sudu besar minyak bijan

ARAHAN:
a) Panaskan kuali chargrill besi tuang, kuali atau gril meja. Apabila ia panas, letakkan hirisan perut babi di atas kuali atau panggangan panas.
b) Taburkan dengan garam laut dan lada sulah. Selepas 3 hingga 5 minit, apabila darah naik pada bahagian daging yang kelihatan, terbalikkan. Bahagian pertama hendaklah berwarna perang . Masukkan sayur-sayuran yang disediakan (lihat di bawah) di sekeliling daging. Masak selama 3 hingga 5 minit; apabila darah naik ke permukaan, pusing semula. Selepas 3 minit, potong daging dengan gunting. Setiap tetamu kemudiannya boleh melayani diri mereka sendiri .

SAYURAN
c) Cendawan butang: Keluarkan batangnya. Letakkan cawan cendawan terbalik di atas panggangan. Apabila cawan penuh dengan jus, masukkan sedikit garam. Nikmati. Cendawan Saesongyi : Potong menjadi kepingan 5 mm (¼ inci) dari atas ke bawah. Masak setiap bahagian sehingga perang keemasan. Makan dengan sos ssamjang .
d) Bawang: Potong bulatan setebal 1 cm (½ inci). Masak setiap bahagian sehingga perang keemasan. Pek dalam a ssam atau celup sahaja dalam sos ssamjang .
e) Kimchi kubis Cina: Ia dimakan mentah, tetapi ia juga boleh dimasak di atas panggangan.

NASI GORENG

f) Menjelang penghujung barbeku, apabila hanya ada beberapa bahan yang tinggal di panggangan, anda boleh menamatkan hidangan dengan membuat nasi goreng.

g) Untuk melakukan ini, tambahkan bahan-bahan nasi goreng dan gaulkannya dengan bahan-bahan yang telah di panggang.

h) Anda juga boleh menambah sedikit salad daun bawang dan goreng bersama nasi jika suka.

35. Bungkus Perut Babi Ssamjang (Samgyeopsal Ssam)

BAHAN-BAHAN:
- 1 lb hirisan perut babi
- Ssamjang
- Daun selada
- Ulas bawang putih, dikisar
- Bawang hijau dihiris
- minyak bijan
- Nasi kukus

ARAHAN:
a) Bakar hirisan perut babi sehingga masak.
b) Letakkan daun salad di tapak tangan anda.
c) Masukkan sesudu nasi kukus dan sekeping perut babi panggang.
d) Sapukan ssamjang ke atas daging babi.
e) Masukkan bawang putih kisar, hirisan bawang hijau, dan sedikit minyak bijan.
f) Balut dan nikmati!

36. Bungkus Selada Tauhu Ssamjang

BAHAN-BAHAN:
- Tauhu pejal, dihiris segi empat tepat
- Ssamjang
- Daun selada
- Lobak merah yang dicincang
- Timun, julienned
- bijan

ARAHAN:
a) Goreng tauhu hingga kekuningan.
b) Letakkan hirisan tauhu di atas daun salad.
c) Sapukan ssamjang pada tauhu.
d) Masukkan lobak merah yang dicincang dan timun julienned.
e) Taburkan bijan di atas.
f) Lipat dan selamatkan dengan pencungkil gigi.

37.Mangkuk Nasi Lembu Ssamjang

BAHAN-BAHAN:
- 1 lb daging lembu yang dihiris nipis (ribeye atau sirloin)
- Ssamjang
- Nasi putih masak
- Kimchi
- lobak dihiris
- bijan

ARAHAN:
a) Tumis daging lembu yang dihiris sehingga masak.
b) Gaulkan ssamjang ke dalam nasi yang telah dimasak.
c) Hidangkan daging lembu di atas nasi ssamjang.
d) Masukkan sebelah kimchi dan hirisan lobak.
e) Taburkan bijan sebelum dihidangkan.

38. Pinggan Sayur Ssamjang

BAHAN-BAHAN:
- Ssamjang
- Pelbagai sayur-sayuran segar (timun, lada benggala, lobak merah)
- Hirisan keledek kukus
- perilla Korea (kkaennip)
- Minyak bijan untuk mencelup

ARAHAN:
a) Potong sayur-sayuran menjadi jalur nipis.
b) Susun sayur-sayuran dan hirisan keledek di atas pinggan.
c) Letakkan semangkuk ssamjang di tengah.
d) Siramkan minyak bijan ke atas ssamjang.
e) Celupkan sayur dalam ssamjang sebelum makan.

CHUNJANG (SAUS HALAMAN SAUDARA)

39. Tteokbokki Dengan Pes Habbatus Sauda/ Jjajang-Tteokbokki

BAHAN-BAHAN:
- 300 g (10½ oz) tteokbokki tteok
- 150 ml (½ cawan) air
- 3 sudu besar gula
- 150 g (5½ oz) kubis putih
- lobak merah
- ½ bawang merah
- 1 biji bawang besar (bawang merah)
- 2 cm (¾ inci) daun bawang (bahagian putih)
- 150 g (5½ oz) perut babi
- 150 g (5½ oz) pes ikan
- 2 sudu besar minyak sayuran neutral
- 50 g (1¾ oz) belum digoreng chunjang pes kacang hitam
- 1 sudu besar kicap
- 1 sudu besar sirap halia

ARAHAN:
a) Berdiri tteokbokki tteok dalam air bersama gula selama 20 minit.
b) Potong kubis putih menjadi jalur 5 cm (2 inci) panjang dengan lebar 1 cm (½ inci). Potong lobak merah ke dalam batang mancis dan bawang menjadi jalur nipis. Potong mentol daun bawang menjadi jalur dan batangnya menyerong ke dalam bahagian sepanjang 3 cm (1¼ inci) dan potong daun bawang.
c) Potong perut babi menjadi kiub kecil. Potong pes ikan secara menyerong ke dalam bahagian tebal 1 cm (½ inci).
d) Panaskan minyak dan pes chunjang dalam kuali dengan api besar. Apabila ia mula mendidih, kacau berterusan selama 5 minit. Tuangkan chunjang yang telah digoreng ke dalam ayak jaringan halus di atas mangkuk. Biarkan mengering selama beberapa minit untuk memulihkan minyak. Tuangkan minyak ke dalam kuali dan masukkan daun bawang. Panaskan dengan api yang perlahan.
e) Apabila daun bawang menjadi aromatik, masukkan kiub daging babi, kicap dan sirap halia. Tumis selama 3 minit dengan api yang tinggi. Masukkan baki sayur-sayuran (kecuali batang daun bawang), pes ikan dan chunjang . Kacau semasa memasak selama 5 minit.
f) Tambah tteokbokki tteok dan rendam air ke dalam kuali.
g) Biarkan mendidih selama 10 hingga 15 minit dengan api sederhana. Lima minit sebelum akhir memasak, masukkan batang daun bawang. Hidangkan panas.

40.Jajangmyeon (Mee Kacang Hitam)

BAHAN-BAHAN:
- 200g Chunjang
- 200g perut babi, dipotong dadu
- 2 cawan bawang, dicincang halus
- 1 cawan zucchini, dipotong dadu
- 1 cawan kentang, potong dadu
- 1 cawan lobak merah, potong dadu
- 4 cawan mee masak (sebaik-baiknya mee gandum)

ARAHAN:
a) Panaskan Chunjang dalam kuali atau kuali besar.
b) Masukkan perut babi yang dipotong dadu dan masak sehingga keperangan.
c) Masukkan bawang, zucchini, kentang, dan lobak merah. Tumis hingga sayur empuk.
d) Tuangkan secawan air dan renehkan sehingga sos pekat.
e) Hidangkan sos di atas mee masak.

41.Jajangbap (Semangkuk Nasi Kacang Hitam)

BAHAN-BAHAN:
- 200g Chunjang
- 200g daging lembu kisar
- 1 cawan bawang besar, potong dadu
- 1 cawan kacang hijau
- 1 cawan nasi masak

ARAHAN:
a) Panaskan Chunjang dalam kuali.
b) Masukkan daging lembu yang dikisar dan masak hingga keperangan.
c) Masukkan bawang dan kacang hijau, kacau sehingga sayur-sayuran empuk.
d) Tuangkan secawan air dan biarkan mendidih sehingga sos pekat.
e) Hidangkan sos di atas semangkuk nasi yang telah dimasak.

42.Jajang Tteokbokki (Kek Beras Kacang Hitam)

BAHAN-BAHAN:
- 200g Chunjang
- 1 cawan kek beras
- 1 cawan kek ikan, dihiris
- 1 cawan kubis, dicincang
- 2 cawan air

ARAHAN:
a) Panaskan Chunjang dalam kuali.
b) Masukkan kek beras, kek ikan, dan kubis.
c) Tuangkan air dan renehkan sehingga sos pekat, dan kek beras lembut.
d) Hidangkan panas.

43. Jajang Mandu (Ladu Kacang Hitam)

BAHAN-BAHAN:
- 200g Chunjang
- 1 cawan daging babi yang dikisar
- 1 cawan tauhu, hancur
- 1 cawan bawang, dicincang halus
- Pembungkus ladu

ARAHAN:
a) Campurkan Chunjang , daging babi yang dikisar, tauhu, dan bawang dalam mangkuk.
b) Letakkan satu sudu adunan pada pembalut ladu.
c) Lipat dan tutup ladu.
d) Kukus atau goreng ladu hingga masak.
e) Hidangkan bersama sos pencicah yang diperbuat daripada Chunjang yang dicampur dengan kicap.

YANGNYEOM JANG (SAUS KIcap BERPERINGKAT)

44. Perap Pedas/ Maeun Yangnyeomjang

BAHAN-BAHAN:
- 2 biji bawang
- 2 kepala bawang putih
- 260 g (9¼ oz) gochugaru serbuk cili
- 200 ml (¾ cawan) sos ikan bilis yang ditapai
- 200 ml (¾ cawan) sirap halia

ARAHAN:
a) Kupas bawang dan proses dalam pemproses makanan kecil. Kupas ulas bawang putih dan hancurkan.
b) Campurkan bawang putih dan bawang besar dengan gochugaru , sos ikan bilis yang ditapai dan sirap halia. Konsistensi harus agak tebal. Jika perapan terlalu cair, tambah lagi gochugaru . Tuangkan sos ke dalam balang atau botol yang telah disterilkan .
c) Sos ini disimpan selama kira-kira 6 bulan di dalam peti sejuk.
d) PETUA Jika anda perlu membasahkan bawang untuk memprosesnya dengan betul, gunakan sambal ikan bilis sebagai ganti air.

45. Perap Barbeku/ Bulgogi Yangnyeom

BAHAN-BAHAN:
- 1 biji bawang
- 5 g (⅛ oz) halia segar
- ½ buah pir
- 6 ulas bawang putih
- 100 ml (kurang ½ cawan) kicap
- 50 ml (kurang ¼ cawan) alkohol putih (soju atau gin)
- 2 sudu besar madu
- 35 g (1¼ oz) gula
- 1 sudu kecil lada

ARAHAN:

a) Kupas bawang dan halia. Kupas dan keluarkan inti dari pir. Kupas ulas bawang putih. Proses semuanya bersama-sama dalam pemproses makanan kecil.

b) Satukan bahan yang diproses dengan kicap, alkohol, madu, gula dan lada.

c) Sos ini boleh disimpan selama 1 minggu di dalam peti sejuk. Bagaimanapun, sebaiknya perap daging sejurus selepas sos dibuat . Daging yang diperap boleh disimpan selama 2 hari.

46. Yangnyeom Jang Chicken Wings

BAHAN-BAHAN:
- 2 lbs kepak ayam
- 1/4 cawan Yangnyeom Jang
- 2 sudu besar kicap
- 1 sudu besar madu
- 1 sudu besar minyak bijan
- 2 ulas bawang putih, dikisar
- Biji bijan dan bawang hijau untuk hiasan

ARAHAN:
a) Dalam mangkuk, campurkan Yangnyeom Jang, kicap, madu, minyak bijan dan bawang putih kisar.
b) Salutkan kepak ayam dengan bahan perapan dan biarkan ia perap sekurang-kurangnya 30 minit.
c) Panaskan ketuhar hingga 400°F (200°C). Bakar sayap hingga kekuningan dan masak.
d) Hiaskan dengan bijan dan bawang hijau yang dihiris sebelum dihidangkan.

47.Yangnyeom Jang Tumis Tauhu Kacau

BAHAN-BAHAN:
- 1 blok tauhu pejal, dipotong dadu
- 1/4 cawan Yangnyeom Jang
- 2 sudu besar kicap
- 1 sudu besar minyak bijan
- 1 sudu besar minyak sayuran
- Sayur campur (lada benggala, brokoli, lobak merah)
- Nasi masak untuk dihidangkan

ARAHAN:
a) Campurkan Yangnyeom Jang, kicap, dan minyak bijan dalam mangkuk.
b) Masukkan tauhu kiub ke dalam sos dan biarkan ia perap selama 15 minit.
c) Panaskan minyak sayuran dalam kuali, tumis tauhu hingga kekuningan.
d) Masukkan sayur campur dan teruskan tumis hingga empuk. Hidangkan di atas nasi yang telah dimasak.

48. Yangnyeom Jang Lidi Udang Bakar Sayu

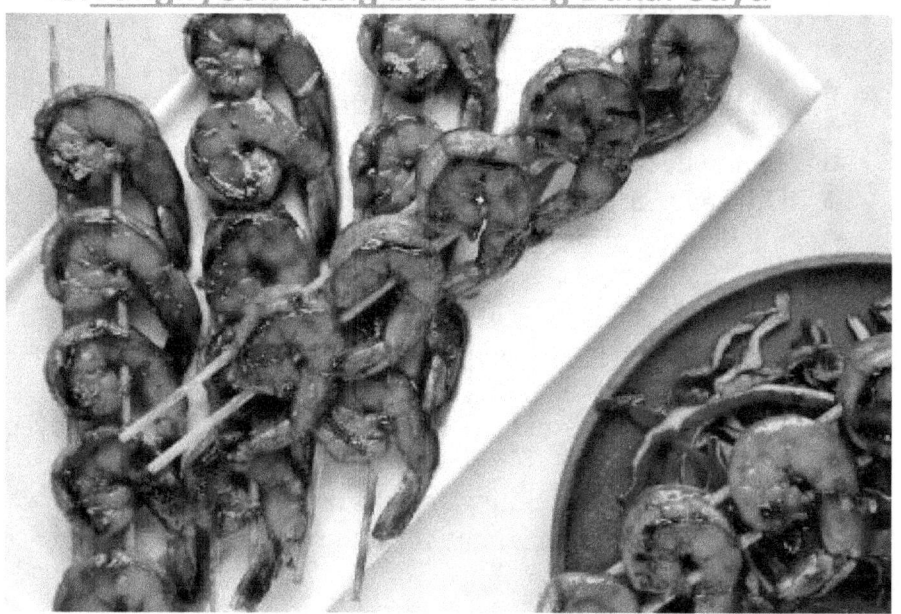

BAHAN-BAHAN:
- 1 lb udang besar, dikupas dan dikeringkan
- 1/4 cawan Yangnyeom Jang
- 2 sudu besar cuka beras
- 1 sudu besar kicap
- 1 sudu besar minyak bijan
- Lidi kayu, direndam dalam air
- Biji limau nipis untuk dihidangkan

ARAHAN:
a) Dalam mangkuk, pukul bersama Yangnyeom Jang, cuka beras, kicap dan minyak bijan.
b) Ulirkan udang pada lidi dan sapu dengan adunan Yangnyeom Jang.
c) Bakar lidi udang sehingga masak dan agak karamel.
d) Hidangkan bersama limau nipis untuk diperah.

49.Sos Pencicah Yangnyeom Jang untuk Ladu

BAHAN-BAHAN:
- 1/4 cawan Yangnyeom Jang
- 1 sudu besar cuka beras
- 1 sudu teh minyak bijan
- 1 sudu teh gula
- 1 bawang hijau, dicincang halus

ARAHAN:
a) Campurkan Yangnyeom Jang, cuka beras, minyak bijan, gula, dan bawang hijau cincang dalam mangkuk.
b) Kacau sehingga sebati.
c) Gunakan sebagai sos pencicah untuk ladu kegemaran anda.

50.Tumis Daging Yangnyeom Jang

BAHAN-BAHAN:
- 1 lb daging sirloin, dihiris nipis
- 1/4 cawan Yangnyeom Jang
- 2 sudu besar kicap
- 1 sudu besar minyak bijan
- 1 sudu besar minyak sayuran
- 1 lada benggala merah, dihiris nipis
- 1 biji bawang besar, dihiris nipis
- Nasi masak untuk dihidangkan

ARAHAN:
a) Dalam mangkuk, campurkan Yangnyeom Jang, kicap, dan minyak bijan.
b) Perap daging lembu yang telah dihiris dalam adunan selama 15-20 minit.
c) Panaskan minyak sayuran dalam kuali, tumis daging lembu hingga keperangan.
d) Masukkan hirisan lada benggala dan bawang besar, tumis hingga sayur empuk. Hidangkan di atas nasi yang telah dimasak.

51. Yangnyeom Jang Salmon Lidi

BAHAN-BAHAN:
- 1 lb fillet salmon, dipotong menjadi kepingan
- 1/4 cawan Yangnyeom Jang
- 2 sudu besar cuka beras
- 1 sudu besar kicap
- 1 sudu besar madu
- Lidi kayu, direndam dalam air
- Biji bijan untuk hiasan

ARAHAN:
a) Dalam mangkuk, pukul bersama Yangnyeom Jang, cuka beras, kicap dan madu.
b) Masukkan kepingan salmon pada lidi dan sapu dengan campuran Yangnyeom Jang.
c) Bakar lidi salmon sehingga masak, sapu dengan lebih banyak sos mengikut keperluan.
d) Hiaskan dengan bijan sebelum dihidangkan.

52. Yangnyeom Jang Mie

BAHAN-BAHAN:
- 8 oz mi (ramen atau soba)
- 1/4 cawan Yangnyeom Jang
- 2 sudu besar kicap
- 1 sudu besar minyak bijan
- 1 timun, julienned
- 1 lobak merah, julienned
- Biji bijan dan bawang hijau untuk hiasan

ARAHAN:
a) Masak mi mengikut arahan pakej, kemudian bilas di bawah air sejuk dan toskan.
b) Dalam mangkuk, campurkan Yangnyeom Jang, kicap, dan minyak bijan.
c) Toskan mee yang telah dimasak bersama sos, timun, dan lobak merah.
d) Hiaskan dengan bijan dan bawang hijau sebelum dihidangkan.

53. Lidi Tauhu Yangnyeom Jang

BAHAN-BAHAN:
- 1 blok tauhu pejal, potong kiub
- 1/4 cawan Yangnyeom Jang
- 2 sudu besar kicap
- 1 sudu besar minyak bijan
- Lidi kayu, direndam dalam air
- Biji bijan untuk hiasan

ARAHAN:
a) Campurkan Yangnyeom Jang, kicap, dan minyak bijan dalam mangkuk.
b) Masukkan kiub tauhu pada lidi dan sapu dengan adunan Yangnyeom Jang.
c) Bakar atau bakar lidi tauhu hingga kekuningan.
d) Taburkan dengan bijan sebelum dihidangkan.

MAESIL JANG (SOS Plum)

54. Maesil Jang Glazed Chicken Wings

BAHAN-BAHAN:
- 1 kg kepak ayam
- 1/2 cawan maesil jang
- 1/4 cawan kicap
- 2 sudu besar madu
- 2 ulas bawang putih, dikisar
- 1 sudu teh halia, parut
- Biji bijan dan bawang hijau untuk hiasan

ARAHAN:
a) Campurkan maesil jang, kicap, madu, bawang putih dan halia dalam mangkuk untuk membuat sayu.
b) Salutkan kepak ayam dengan glaze dan perap sekurang-kurangnya 30 minit.
c) Panaskan ketuhar hingga 200°C (400°F).
d) Bakar sayap dalam ketuhar selama 40-45 minit atau sehingga garing dan masak.
e) Hiaskan dengan bijan dan bawang hijau yang dihiris sebelum dihidangkan.

55. Maesil Jang Salad Dressing

BAHAN-BAHAN:
- 1/4 cawan maesil jang
- 2 sudu besar minyak zaitun
- 1 sudu besar cuka beras
- 1 sudu teh kicap
- Garam dan lada sulah secukup rasa

ARAHAN:
a) Pukul bersama maesil jang, minyak zaitun, cuka beras, kicap, garam, dan lada sulah.
b) Siramkan sos ke atas salad kegemaran anda sejurus sebelum dihidangkan.

56. Maesil Jang Glazed Salmon

BAHAN-BAHAN:
- 4 fillet salmon
- 1/3 cawan maesil jang
- 2 sudu besar kicap
- 1 sudu besar minyak bijan
- 1 sudu besar bawang putih kisar
- 1 sudu besar bijan untuk hiasan

ARAHAN:
a) Dalam mangkuk, campurkan maesil jang, kicap, minyak bijan dan bawang putih cincang untuk mencipta sayu.
b) Sapu fillet salmon dengan sayu.
c) Bakar atau bakar salmon sehingga ia masak mengikut citarasa anda.
d) Hiaskan dengan bijan sebelum dihidangkan.

57. Teh Ais Maesil Jang

BAHAN-BAHAN:
- 2 sudu besar maesil jang
- 2 cawan air
- 1-2 sudu besar madu (pilihan)
- kiub ais
- hirisan lemon untuk hiasan

ARAHAN:
a) Larutkan maesil jang dalam air. Tambah madu jika anda lebih suka rasa yang lebih manis.
b) Sejukkan adunan di dalam peti sejuk.
c) Tuang maesil teh jang atas ketulan ais.
d) Hiaskan dengan hirisan lemon dan nikmati teh ais yang menyegarkan anda.

58. Maesil Jang Sayur Tumis

BAHAN-BAHAN:
- Aneka sayur-sayuran (brokoli, lada benggala, lobak merah, kacang polong)
- 1/4 cawan Maesil Jang
- 2 sudu besar kicap
- 1 sudu besar minyak sayuran
- Biji bijan untuk hiasan

ARAHAN:
a) Tumis sayur-sayuran dalam minyak sayuran sehingga ia garing-lembut.
b) Dalam mangkuk kecil, campurkan Maesil Jang dan kicap.
c) Tuangkan bancuhan Maesil Jang ke atas sayur-sayuran dan toskan hingga bersalut.
d) Hiaskan dengan bijan sebelum dihidangkan.

59.Tumis Babi Berlapis Maesil Jang

BAHAN-BAHAN:
- 1 lb daging babi tenderloin, dihiris nipis
- 1/4 cawan Maesil Jang
- 2 sudu besar kicap
- 1 sudu besar tepung jagung
- 1 sudu besar minyak sayuran
- Sayur campur (lada benggala, brokoli, lobak merah)
- Nasi masak untuk dihidangkan

ARAHAN:
a) Dalam mangkuk, campurkan Maesil Jang, kicap, dan tepung jagung.
b) Panaskan minyak sayuran dalam kuali, tumis daging babi hingga keperangan.
c) Masukkan sayur campur dan teruskan tumis hingga empuk.
d) Tuangkan campuran Maesil Jang ke atas daging babi dan sayur-sayuran. Kacau sehingga semuanya bersalut dan dipanaskan. Hidangkan di atas nasi yang telah dimasak.

60.Maesil Jang BBQ Ribs

BAHAN-BAHAN:
- 2 lbs rusuk babi
- 1/2 cawan Maesil Jang
- 2 sudu besar kicap
- 1 sudu besar halia parut
- 2 ulas bawang putih, dikisar
- 1 sudu besar minyak bijan

ARAHAN:
a) Dalam mangkuk, campurkan Maesil Jang, kicap, halia parut, bawang putih, dan minyak bijan.
b) Perap tulang rusuk dalam adunan selama sekurang-kurangnya 2 jam.
c) Bakar atau bakar rusuk sehingga masak sepenuhnya dan karamel.
d) Berus dengan sayu Maesil Jang tambahan sebelum dihidangkan.

61. Teh Panas Maesil Jang dan Halia

BAHAN-BAHAN:
- 4 cawan air
- 3 keping halia segar
- 2 sudu makan Maesil Jang
- Madu secukup rasa

ARAHAN:
a) Dalam periuk, masak air dan hirisan halia sehingga mendidih.
b) Kecilkan api dan reneh selama 5 minit. Keluarkan hirisan halia.
c) Masukkan Maesil Jang dan madu hingga larut.
d) Tuangkan ke dalam cawan dan nikmati sebagai teh panas yang menenangkan.

MATGANJANG (Kicap BERPERINGKAT)

62. Nasi Goreng Udang Dan Nanas/ Bokkeumbap Hawaii

BAHAN-BAHAN:
- ½ batang daun bawang (tiada mentol)
- ¼ timun
- 1 biji bawang
- 1 lobak merah
- ½ biji nanas
- 3 biji telur
- ½ sudu teh garam
- 1 secubit lada
- 1 sudu kecil serbuk bawang putih
- 40 g (1½ oz) mentega, ditambah dengan tombol
- 2 sudu besar sos ganjang
- 200 g (7 oz) udang kupas
- 350 g (12 oz) nasi putih masak, sejuk
- sos tomato

ARAHAN:
a) Potong batang daun bawang. Potong timun, bawang dan lobak merah menjadi kiub 5 mm (¼ inci). Potong daging nanas menjadi kiub 1 cm (½ inci).
b) Pukul telur dan perasakan dengan garam, lada sulah dan serbuk bawang putih.
c) Panaskan mentega di atas api besar dalam kuali. Masukkan daun bawang dan bawang besar dan tumis sehingga bawang mula menjadi lut sinar. Masukkan lobak merah, timun dan mat ganjang ; masak sehingga lobak merah empuk. Masukkan nenas dan udang kupas, kemudian tumis selama 3 minit.
d) Masukkan nasi putih yang telah dimasak ke dalam kuali. Gaul rata. Rasa perasa dan sesuaikan dengan garam mengikut keperluan. Tolak semua nasi goreng ke sebelah kuali. Letakkan satu tombol mentega di dasar kuali yang kosong. Masukkan telur yang telah dipukul dan kacau sehingga separuh masak - ia harus kekal sedikit berbuih. Campurkan melalui nasi.
e) Hidangkan dalam separuh nanas yang dilubangkan atau dalam bahagian individu dengan beberapa baris sos tomato disiram di atasnya. Hidangkan bersama acar kicap, acar lobak putih atau lobak kuning diperap di sebelah, jika mahu.

63. Tartare Daging Korea/ Yukhoe

BAHAN-BAHAN:
- 2 ulas bawang putih
- 1.5 cm (⅝ inci) daun bawang (bahagian putih)
- ½ pir Korea (atau ½ pir hijau)
- 300 g (10½ oz) isi daging lembu atau sirloin yang lebih segar
- 2 sudu besar sos matganjang
- 1 sudu besar minyak bijan
- 1 sudu besar gula
- ½ sudu besar bijan (atau kacang pain), ditambah tambahan untuk taburan
- 50 g (1¾ oz) roket (arugula)
- 1 biji kuning telur
- Garam dan lada

ARAHAN:

a) Hancurkan bawang putih. Cincang daun bawang. Kupas pir dan potong menjadi batang mancis setebal 5 mm (¼ inci). Tepuk daging dengan tuala kertas untuk mengeluarkan darah yang berlebihan. Potong daging lembu ke dalam batang dengan ketebalan yang sama.

b) Campurkan daging dengan bawang putih, daun bawang, mat ganjang, minyak bijan, gula, bijan atau kacang pain, garam dan lada sulah menggunakan penyepit atau garpu. Elakkan mencampurkan dengan tangan supaya tidak mengubah warna daging akibat panas badan.

c) Susun daun roket di atas pinggan. Letakkan batang mancis pir di atas. Tekan daging ke dalam mangkuk dan kemudian masukkan ke atas pir. Tekan perlahan di bahagian tengah daging untuk membuat lekukan dan luncurkan kuning telur ke dalam perlahan-lahan. Taburkan dengan biji bijan atau kacang pain tambahan.

d) Makan dengan menusuk kuning telur dan menggunakannya sebagai sos untuk mencelup kepingan daging ke dalam.

64. Cendawan Tumis/ Beoseot-Bokkeum

BAHAN-BAHAN:
- 5 biji cendawan saesongyi (cendawan tiram raja)
- 2 cm (¾ inci) daun bawang (bahagian putih)
- 2 sudu besar minyak sayuran neutral
- ½ sudu besar gula
- 1 sudu besar kicap
- 1 sudu besar sos tiram
- 1 sudu besar madu
- 1 lada secubit yang baik
- ½ sudu besar bijan hitam

ARAHAN:
a) Potong cendawan separuh memanjang, kemudian menjadi jalur tebal 5 mm (¼ inci). Cincang daun bawang.
b) Salutkan kuali dengan minyak sayuran dan tumis daun bawang dengan api besar sehingga naik bau. Masukkan cendawan ke dalam kuali dan kacau-goreng.
c) Apabila jus cendawan mula keluar, buat perigi di tengah kuali, dan tuangkan gula, sos soya dan tiram. Biarkan panas selama 15 saat, kemudian gaul rata dengan cendawan. Tumis selama 2 minit lagi.
d) Tutup api tetapi biarkan kuali di atas dapur atau plat panas. Perasakan dengan madu dan lada sulah, kemudian gaul sebati. Hidangkan ditaburkan dengan bijan. Nikmati panas atau sejuk.

65.Akar Teratai Masam Manis/ Yeongeun-Jorim

BAHAN-BAHAN:
- 500 ml (2 cawan) air
- 1 persegi (10 cm/4 inci) rumpai laut dasima (kombu)
- 500 g (1 lb 2 oz) akar teratai
- 1 sudu besar cuka putih
- 4 sudu besar gula
- 2 sudu besar minyak sayuran neutral
- 100 ml (kurang ½ cawan) kicap
- 2 sudu besar wain putih
- 1 sudu besar madu
- ½ sudu besar bijan

ARAHAN:
a) Tuangkan 500 ml (2 cawan) air ke dalam periuk dan masukkan rumpai laut dasima. Biarkan mendidih dan masak selama 20 minit dengan api sederhana. Buang rumpai laut dan simpan kuahnya.
b) Kupas akar teratai dan potong menjadi kepingan setebal 1 cm (½ inci). Letakkannya dalam periuk dan tutup dengan air sejuk. Masukkan cuka. Didihkan dengan api yang tinggi dan masak selama 10 minit. Toskan dan bilas akar teratai di bawah air sejuk. Buang air masak.
c) Campurkan akar teratai dan gula dalam mangkuk. Biarkan berdiri pada suhu bilik sehingga gula larut.
d) Panaskan kuali yang disalut dengan minyak sayuran. Apabila minyak agak panas, tuangkan akar teratai dengan cecair manisnya. Tuangkan kicap, wain putih dan sup rumpai laut di atas. Reneh di atas api sederhana sehingga tiada cecair yang tinggal, kira-kira 20 hingga 30 minit. Tutup api dan masukkan madu dan bijan.
e) Lauk ini boleh dinikmati suam atau sejuk dan boleh disimpan sehingga 5 hari di dalam peti sejuk.

66. Daging Lembu Dan Sayur Pedas/ Yukgaejang

BAHAN-BAHAN:
- 500 g (1 lb 2 oz) stik penyangkut (onglet)
- 1.5 liter (6 cawan) air
- 50 ml (kurang ¼ cawan) alkohol putih (soju atau gin)
- 3 ulas bawang putih
- 2 helai daun bawang hijau
- 100 g (3½ oz) perapan pedas
- 3 sudu besar sos matganjang
- 200 g (7 oz) taugeh
- 5 cendawan pyogo (shiitake) atau cendawan tiram
- 25 cm (10 inci) daun bawang (bahagian putih)
- 1 sudu besar minyak bijan
- 1 sudu besar minyak sayuran neutral
- 3 sudu besar kicap
- ½ sudu teh lada garam

ARAHAN:

a) Potong daging menjadi kepingan selebar kira-kira 15 cm (6 inci). Rendam daging dalam air sejuk selama 1½ jam untuk mengeluarkan darah, tukar air setiap 30 minit, kemudian toskan. Didihkan 1.5 liter (6 cawan) air. Masukkan daging, alkohol, ulas bawang putih yang dikupas dan daun bawang hijau. Masak dengan api sederhana selama 40 minit tanpa ditutup selepas mendidih semula.

b) Menggunakan sudu, keluarkan buih dari permukaan sup. Asingkan kuahnya daripada daging, buang bawang putih dan daun bawang hijau tetapi simpan kuahnya. Bila daging dah cukup sejuk, carik-carik guna tangan.

c) Gaulkan bersama perapan pedas dan mat ganjang . Biarkan berdiri.

d) Sementara itu, cuci taugeh. Potong cendawan menjadi kepingan 1.5 cm (⅝ inci). Potong daun bawang putih kepada lima bahagian 5 cm (2 inci) setiap satu, kemudian setiap bahagian dalam separuh memanjang dan setiap separuh bahagian dalam empat panjang (lebar 1 cm/½ inci adalah sesuai).

e) Panaskan minyak bijan dan minyak sayuran dalam periuk. Apabila ia panas, masukkan daging dan tumis selama 3 minit.

Masukkan putih daun bawang dan kicap dan gaul rata, kemudian masukkan kira-kira 1 liter (4 cawan) sup yang telah dikhaskan.

f) Masak dengan api yang tinggi selama 10 minit selepas mendidih semula.

g) Masukkan cendawan dan taugeh dan rebus selama 10 minit lagi. Perasakan dengan garam dan lada sulah.

67. Lobak Putih Tumis/Mu- Namul

BAHAN-BAHAN:
- 450 g (1 lb) lobak putih (daikon)
- 2 cm (¾ inci) daun bawang (bahagian putih)
- 2 ulas bawang putih
- 3 sudu besar minyak bijan
- 1 sudu besar sos matganjang
- 1 sudu teh garam
- 1 sudu teh gula
- 1 sudu besar bijan

ARAHAN:
a) Kupas lobak putih dan potong menjadi batang mancis setebal 5 mm (¼ inci).
b) Cincang putih daun bawang dan hancurkan bawang putih.
c) Salutkan kuali dengan minyak bijan dan tumis bawang merah dan bawang putih dengan api besar sehingga naik bau. Masukkan lobak ke dalam kuali. Buat perigi di tengah batang lobak dan tuangkan ke dalam tikar ganjang. Biarkan panas selama 15 saat, kemudian gaul rata dengan lobak. Selepas 4 minit, masukkan garam dan gula dan kecilkan api ke sederhana. Tumis selama lebih kurang 15 minit. Jika lobak mula hangus, masukkan sedikit air.
d) Memasak dilakukan apabila lobak lut sinar dan lembut. Perasakan dengan garam secukup rasa. Hidangkan ditaburkan dengan bijan. Nikmati panas atau sejuk.

68. Kacang Hijau Tumis/Kacang Hijau Bokkeum

BAHAN-BAHAN:
- 500 g (1 lb 2 oz) kacang hijau nipis
- 10 ulas bawang putih
- 100 g (3½ oz) daging salai
- 2 sudu besar bijan
- 3 sudu besar minyak zaitun
- 2 sudu besar sos matganjang
- 1 sudu teh garam

ARAHAN:

a) Bahagian atas dan ekor dan basuh kacang hijau. Didihkan sedikit air masin dalam periuk dan masukkan ke dalam kacang. Masak selama 2 minit selepas ia mendidih. Toskan kacang dengan segera dan segarkannya di bawah air sejuk. Kupas ulas bawang putih, potong dua dan keluarkan kuman, jika dikehendaki. Potong bacon menjadi kepingan selebar 1 cm (½ inci). Hancurkan biji bijan dengan baik.

b) Salutkan pangkal kuali dengan minyak zaitun dan tumis bawang putih dengan api yang tinggi sehingga kekuningan. Masukkan bacon ke dalam kuali dan kacau. Apabila bacon telah masak, masukkan kacang dan mat ganjang . Tumis selama 5 minit. Masukkan bijan yang telah ditumbuk dan perasakan dengan garam. Tumis selama 2 minit lagi. Nikmati panas atau sejuk.

69. Salad Tauhu/ Dubu -Salad

BAHAN-BAHAN:
- 300 g (10½ oz) tauhu pejal
- 3 sudu besar minyak sayuran neutral
- ½ capsicum kuning (lada)
- 20 biji tomato ceri
- ¼ daun daun oak merah
- 300 g (10½ oz) selada kambing
- Bijan hitam
- garam

SOS
- ½ lemon
- 4 sudu besar sos matganjang
- 2 sudu besar minyak zaitun
- ½ sudu teh lada
- ½ biji bawang merah

ARAHAN:

a) Potong blok tauhu kepada kiub 1.5 cm (⅝ inci). Panaskan kuali yang disalut dengan minyak sayuran dan masukkan kiub tauhu ke dalam kuali. Goreng dengan api sederhana sehingga semua bahagian berwarna keemasan, menggunakan spatula dan sudu untuk memusingkan kiub supaya tidak pecah. Perasakan setiap bahagian dengan garam semasa memasak. Selepas masak, biarkan tauhu sejuk di atas beberapa tuala kertas.

b) Potong capsicum menjadi jalur nipis. Potong tomato ceri separuh.

c) Untuk sos, perah limau dan campurkan jus dengan tikar ganjang, minyak zaitun dan lada sulah. Potong bawang merah dan masukkan ke dalam sos.

d) Susun daun oak dan salad kambing dalam hidangan hidangan. Taburkan tauhu, capsicum dan tomato ceri di atas. Taburkan bijan dan siram dengan sos.

70.Goreng Ikan/ Salad Seangseon-Tuigim

BAHAN-BAHAN:
- ¼ daun salad ais
- ¼ daun salad lembut
- ½ bawang
- 700 g (1 lb 9 oz) ikan putih
- 2 biji telur sederhana
- 80 g (2¾ oz) tepung biasa (semua guna).
- 120 g (4¼ oz) serbuk roti panko
- 1 liter (4 cawan) minyak sayuran neutral
- Serbuk Bawang putih
- Garam dan lada

SOS
- 4 sudu besar sos matganjang
- 2 sudu besar gula
- 4 sudu besar cuka epal atau cider epal
- 3 sudu besar air mineral
- 1 secubit lada

ARAHAN:
a) Basuh dan cincang kasar daun salad. Hiris nipis bawang. Rendam hirisan bawang dalam air sejuk dengan beberapa titis cuka selama 5 minit, kemudian toskan. Campurkan semua bahan sos untuk membuat sos.
b) Potong ikan menjadi kepingan segi empat tepat 3 cm (1¼ inci) tebal, 5 cm (2 inci) lebar dan kira-kira 7 cm (2¾ inci) panjang. Taburkan setiap bahagian dengan garam, lada sulah dan serbuk bawang putih dan ketepikan untuk diperap selama 5 minit. Pukul telur. Salut setiap kepingan ikan dengan tepung, kemudian telur dipukul, kemudian serbuk roti panko.
c) Panaskan minyak sayuran hingga 170°C (340°F). Letakkan kepingan ikan ke dalam minyak dan masak selama 7 minit. Berhati-hati mengeluarkannya. Letakkannya dalam colander dan biarkan ia mengalir selama 5 minit. Goreng lagi selama 3 minit dan toskan lagi selama 5 minit.
d) Sapukan salad dan kepingan bawang pada hidangan hidangan. Siram dengan sos.
e) goreng ikan di atas.

71. Tteokbokki Dengan Kicap/ Ganjang-Tteokbokki

BAHAN-BAHAN:
- lobak merah
- 10 cm (4 inci) daun bawang (bahagian putih)
- 200 g (7 oz) pes ikan
- 250 ml (1 cawan) air
- 3 sudu besar gula
- 300 g (10½ oz) tteokbokki tteok
- 100 ml (kurang ½ cawan) sos ganjang
- ½ sudu teh lada Biji bijan

ARAHAN:
a) Potong lobak merah separuh menjadi dua batang kayu, kemudian setiap bahagian menjadi separuh memanjang dan akhir sekali menjadi jalur nipis memanjang. Potong daun bawang secara menyerong kepada bahagian tebal 2 cm (¾ inci). Potong pes ikan secara menyerong.
b) Tuangkan air ke dalam kuali. Masukkan gula dan biarkan mendidih. Segera kecilkan api kepada sederhana dan masukkan ke dalam tteokbokki tteok . Reneh selama 5 minit, kacau untuk mengelakkannya daripada melekat pada bahagian bawah kuali atau antara satu sama lain, asingkan jika perlu.
c) Masukkan mat ganjang , daun bawang, lobak merah dan pes ikan. Rebus selama 10 minit, kacau sentiasa.
d) Apabila sos telah berkurangan separuh, masukkan lada sulah dan secubit biji bijan. Jika perlu, tambahkan sedikit lagi mat ganjang .

72.Sup Rumpai Laut Ais/ Miyeok-Naengguk

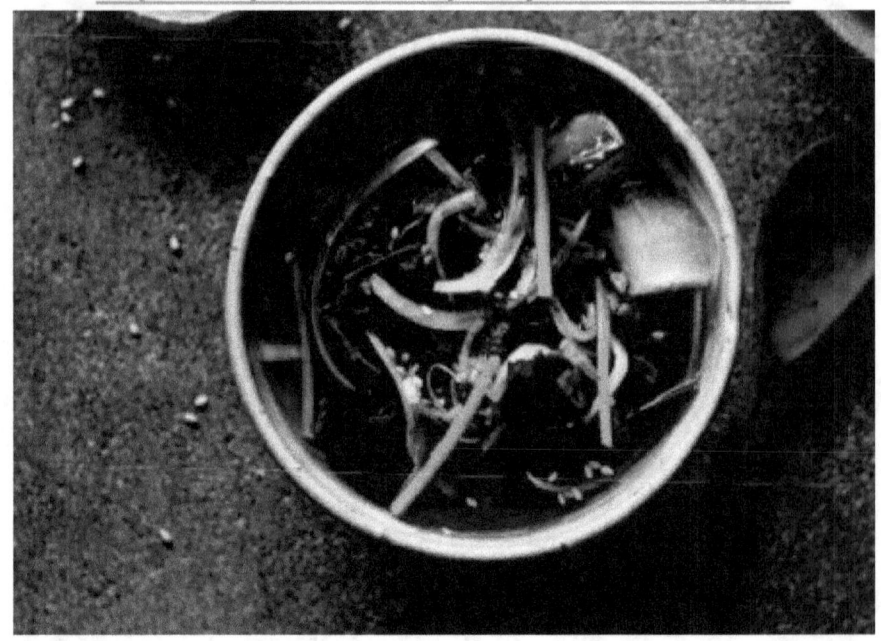

BAHAN-BAHAN:
- 10 g (¼ auns) rumpai laut miyeok (wakame)
- 100 g (3½ oz) lobak putih (daikon)
- ½ sudu besar garam 5 sudu besar gula
- ½ lobak merah
- ¼ bawang
- 100 ml (kurang ½ cawan) epal atau cuka putih
- 1 sudu kecil sos ikan bilis yang diperam
- 2 sudu besar sos ganjang
- 600 ml (2 cawan) air mineral
- 1 secubit bijan
- Kiub ais, untuk dihidangkan

ARAHAN:

a) Biarkan rumpai laut terhidrat semula selama 20 minit dalam mangkuk besar berisi air. Toskan dan tuangkan 1 liter (4 cawan) air mendidih ke atas rumpai laut sebelum disejukkan di bawah air yang mengalir dan kemudian toskan semula. Perah rumpai laut dengan tangan untuk mengeluarkan lebihan air dan potong kasar menggunakan gunting.

b) Potong lobak menjadi batang mancis. Perap dengan garam dan 1 sudu besar gula selama 15 minit. Toskan dan tekan perlahan dengan tangan anda untuk mengeluarkan sedikit cecair. Potong lobak merah menjadi batang mancis. Potong bawang menjadi batang mancis dan biarkan selama 10 minit dalam air sejuk dengan beberapa titis cuka, kemudian toskan.

c) Campurkan rumpai laut, cuka dan 4 sudu besar gula bersama dalam mangkuk. Masukkan bawang besar, lobak merah, lobak, sos ikan bilis yang diperam, mat ganjang dan air mineral. Gaul lagi dan perasakan dengan garam.

d) Sebelum dihidangkan, taburkan bijan dan masukkan beberapa ketul ais ke dalam mangkuk hidangan.

73.Ikan siakap kukus/ Domi-Jjim

BAHAN-BAHAN:
- 1 ikan siakap utuh, dihancurkan
- 3 sudu besar alkohol putih (soju atau gin)
- 2 sudu teh garam laut
- 2 sudu teh halia kisar
- ½ sudu teh lada 6 helai daun bawang hijau
- 5 g (⅛ oz) halia segar
- ½ lemon

TOPPING
- 1 biji telur sederhana
- 2 biji cendawan pyogo (shiitake)
- ½ sudu besar sirap halia
- 1 sudu besar sos ganjang mat
- lobak merah
- zucchini (labu kuning)
- ½ daun bawang (bahagian putih)
- Minyak sayuran neutral
- garam

SOS
- 1 sudu besar kicap
- 2 sudu besar cuka epal atau cider epal
- ½ sudu besar gula
- ½ sudu teh mustard

ARAHAN:
a) Dengan menggunakan pisau, kikis bahagian luar ikan siakap dengan lembut ke arah yang bertentangan dengan sisik untuk mengeluarkannya. Bersihkan ikan, bersihkan ekor dan sirip dengan berhati-hati dengan menggosok dengan baik antara dua jari. Bersihkan bahagian dalam dan insang dengan teliti di bawah air yang mengalir. Campurkan bersama soju, garam laut, halia kisar dan lada sulah. Urut siakap dengan perapan ini, dalam dan luar. Ketepikan selama 15 minit.

b) Sediakan topping. Asingkan putih telur daripada kuning telur. Perasakan kedua-duanya dengan sedikit garam dan pukul berasingan. Buat telur dadar nipis dalam kuali minyak panas dengan putih, kemudian dengan kuning; potong menjadi jalur. Potong cendawan menjadi batang mancis dan gaulkan dengan sirap halia dan sos mat ganjang. Tumis selama 3 minit dengan sedikit minyak neutral. Potong lobak merah ke dalam batang mancis dan goreng selama 3 minit dalam sedikit minyak neutral, taburkan dengan secubit garam. Ulangi dengan zucchini. Selesai dengan mencarik bahagian putih daun bawang.

c) Buat tiga potong besar pada setiap sisi ikan siakap pada sudut 30 darjah. Letakkan bakul pengukus ke dalam ketuhar Belanda dan tuangkan air sehingga 2 cm (¾ inci) di bawah bakul. Letakkan daun bawang hijau, hirisan halia segar dan limau nipis yang dihiris nipis di dalam bakul. Letakkan ikan siakap di atas dan tuangkan baki perapan. Tutup dan biarkan mendidih. Reneh selama 15 minit dengan api sederhana, bertutup. Tutup api dan biarkan selama 5 minit tanpa menanggalkan penutupnya. Buka dan biarkan sejuk selama beberapa minit.

d) Campurkan bahan sos bersama-sama. Letakkan siakap di atas katil daun bawang putih yang dicincang. Letakkan setiap bahan topping di atas. Makan dengan mengambil sedikit daging ikan dan topping dan celup dalam sos.

74. Bayam Bijan/ Sigeumchi-Namul

BAHAN-BAHAN:
- 2 ulas bawang putih
- 1 cm (½ inci) daun bawang (bahagian putih)
- 600 g (1 lb 5 oz) bayam segar
- ½ sudu besar sos ganjang
- 3 sudu besar minyak bijan
- ½ sudu besar bijan Garam

ARAHAN:

a) Hancurkan ulas bawang putih dan cincang halus daun bawang. Bersihkan daun bayam, potong batang jika terlalu tebal. Jika daunnya sangat lebar, potong separuh bersilang.

b) Didihkan air masin dalam periuk dan hujung dalam bayam. Sebaik sahaja daun mula layu, toskan dalam colander dan siramkannya di bawah air sejuk untuk menghentikannya memasak. Ambil segenggam besar daun yang telah disejukkan dan perah dengan tangan anda untuk mengeluarkan air yang berlebihan, kemudian masukkan ke dalam mangkuk.

c) Masukkan bawang putih, daun bawang, tikar ganjang dan minyak bijan kepada bayam. Gosok biji bijan dengan kuat di antara tangan anda untuk menghancurkannya, kemudian masukkannya ke dalam campuran bayam. Campurkan semuanya dengan teliti, buka daun bayam. Periksa perasa dan sesuaikan garam secukup rasa.

75. Cod Rolls/ Seangseon-Marigui

BAHAN-BAHAN:
- lobak merah
- 2 cendawan pyogo (shiitake)
- 4 biji bawang putih
- 80 g (2¾ oz) taugeh
- 400 g (14 oz) fillet ikan kod
- 2 sudu besar wain putih
- 1 sudu besar sirap halia
- 4 sudu besar sos matganjang
- 1 sudu teh minyak bijan
- 1 secubit lada
- 3 sudu besar neutral
- minyak sayuran

ARAHAN:

a) Parut lobak merah. Hiris nipis cendawan. Potong daun kucai kepada kepingan 5 cm (2 inci). Basuh dan toskan taugeh. Potong ikan menjadi kepingan kira-kira 12 cm (4½ inci) panjang dan 1 cm (½ inci) lebar.

b) Pada setiap keping ikan, letakkan sedikit lobak merah, beberapa biji kucai, 1 hirisan cendawan dan beberapa taugeh. Gulung ikan untuk memasukkan bahan-bahan dan selamatkan dengan pencungkil gigi kayu kecil.

c) Untuk perapan, campurkan wain, sirap halia, mat ganjang , minyak bijan dan lada sulah. Panaskan kuali yang disalut dengan minyak sayuran di atas api sederhana. Apabila minyak mula panas, masukkan gulungan ikan ke dalam kuali. Goreng selama 3 minit, putar untuk memasak seluruh permukaan gulung. Masukkan bahan perapan. Reneh dengan api perlahan selama 5 minit, putar gulungan perlahan-lahan supaya tidak pecah.

d) Tanggalkan pencungkil gigi sebelum dihidangkan.

GANJANG (KIcap)

76.Nasi Goreng Kimchi/Kimchi Bokkeumbap

BAHAN-BAHAN:
- 400 g (14 oz) kimchi kubis Cina
- 1 sudu besar gula
- 1 sudu kecil serbuk bawang putih
- 1 batang daun bawang (tiada mentol)
- 320 g (11¼ oz) ketulan tuna dalam minyak bunga matahari
- 2 sudu besar minyak sayuran neutral
- 1 sudu besar gochugaru serbuk cili
- 2 sudu besar kicap
- 1 sudu besar sos ikan bilis yang diperam
- 400 g (14 oz) nasi putih masak, sejuk
- 4 biji telur, goreng

ARAHAN:

a) Letakkan kimchi dalam mangkuk dan gunakan gunting untuk memotongnya menjadi kepingan kecil.

b) Masukkan gula dan serbuk bawang putih dan gaul rata. Berdiri selama 5 minit.

c) Potong batang daun bawang. Toskan tuna. Salutkan kuali dengan minyak sayuran. Masukkan bawang besar yang dicincang dan panaskan api. Tumis sehingga bawang mula empuk. Masukkan kimchi dan gochugaru. Tumis selama 5 minit sehingga kimchi sedikit lut sinar. Masukkan tuna, kicap dan sambal ikan bilis yang diperam. Tumis selama 5 minit.

d) Masukkan nasi putih yang telah dimasak ke dalam kuali apabila semua bahan sebati. Gaulkan nasi sehingga warna sekata. Apabila nasi telah sekata dengan warna kimchi, masakan selesai.

e) Hidangkan dalam bahagian individu dengan meletakkan sebiji telur goreng di atas kimchi bokkeumbap. Hidangkan bersama acar kicap atau acar lobak putih di sebelah, jika mahu.

77. Salad Surimi/ Keuraemi -Salad

BAHAN-BAHAN:
- ¼ daun salad hijau
- ¼ bawang
- timun
- 1 sudu besar bijan
- 12 batang surimi (ketam).

SOS
- 2 sudu teh cuka epal atau cider epal
- 2 sudu besar gula
- 1 sudu besar kicap
- 1 sudu teh mustard
- ½ sudu teh lada

ARAHAN:
a) Basuh daun salad, kemudian toskan dan koyakkan daunnya. Hiris nipis bawang dan rendam dalam semangkuk air dengan beberapa titis cuka. Biarkan di dalam air selama 10 minit, kemudian toskan.
b) Potong timun menjadi batang mancis. Hancurkan biji bijan dengan baik. Potong batang surimi menjadi jalur menggunakan tangan anda.
c) Campurkan semua bahan sos untuk membuat sos.
d) Sebelum dihidangkan, susun salad dalam mangkuk. Gaulkan semuanya, termasuk sos dan bijan.

78. Patties Daging Korea/ Tteokgalbi

BAHAN-BAHAN:
- 1 biji bawang
- ½ lobak merah
- 600 g (1 lb 5 oz) daging cincang
- 6 sudu besar kicap
- 4 sudu besar gula
- 2 sudu besar sirap halia
- 1 sudu besar minyak bijan
- 1 sudu kecil garam
- 1 secubit lada
- 1 biji kuning telur
- 1 sudu besar air Daun kucai
- kacang pain

ARAHAN:

a) Cincang halus bawang besar dan lobak merah. Tepuk daging dengan tuala kertas untuk mengeluarkan darah yang berlebihan. Gaulkan daging bersama bawang besar, lobak merah, kicap, gula, sirap halia, minyak bijan, garam, lada sulah dan kuning telur hingga sebati. Tekstur hendaklah seperti pes.

b) Bahagikan kepada enam bahagian. Ratakan setiap bahagian di tangan anda untuk mendapatkan roti berbentuk sekata kira-kira 1 cm (½ inci) tebal. Tekan di tengah-tengah setiap patty dengan ibu jari anda untuk membuat inden.

c) Panaskan kuali. Apabila ia panas, letakkan patties dalam kuali dengan lekukan menghadap ke atas. Masak selama 5 minit, putar secara berkala untuk mengelakkan daging daripada hangus. Masukkan air. Tutup dan masak selama 10 minit, pusing separuh.

d) Hidangkan di atas katil daun kucai dan taburkan dengan beberapa kacang pain yang dihancurkan.

79. Rusuk Bakar Dihiris Nipis/La Galbi

BAHAN-BAHAN:
- 1 kg (2 lb 4 oz) daging lembu rusuk pendek dengan tulang, dipotong menjadi kepingan nipis
- 20 cm (8 inci) daun bawang (bahagian putih)
- 1 buah kiwi
- Perapan barbeku
- 3 sudu besar kicap
- 1 sudu besar minyak bijan

ARAHAN:
a) Rendam daging dalam semangkuk air sejuk dan biarkan selama 2 jam, tukar air setiap 30 minit sebelum toskan.
b) Potong daun bawang kepada empat bahagian, kemudian potong setiap bahagian menjadi separuh memanjang. Kupas dan haluskan buah kiwi dalam pemproses makanan kecil. Tuangkan perapan barbeku, kicap, kiwi dan minyak bijan ke atas daging dan gaul hingga sebati. Campurkan dengan daun bawang. Biarkan berehat di dalam peti sejuk selama sekurang-kurangnya 12 jam.
c) Panaskan kuali chargrill besi tuang atau kuali dengan api yang tinggi. Masukkan hirisan daging dan kepingan daun bawang ke dalam kuali. Masak selama 7 minit pada setiap sisi dengan api sederhana.
d) Potong daging di antara kepingan tulang dengan gunting sebelum dihidangkan. Anda boleh makan ini seperti ssambap, jika mahu, atau hanya dengan nasi dan kimchi kubis Cina.

80. Salad Salad Dengan Sos Kimchi/ Sangchu-Geotjeori

BAHAN-BAHAN:
- ½ daun salad
- ½ bawang
- ½ lobak merah
- 1 sudu besar gochugaru serbuk cili
- 2 sudu besar kicap
- 1 sudu besar sos ikan bilis yang diperam
- 3 sudu besar cuka epal atau cider epal
- 2 sudu besar gula
- 1 sudu kecil serbuk bawang putih
- 1 sudu besar minyak bijan
- ½ sudu besar bijan

ARAHAN:

a) Basuh daun salad, toskan dan koyakkan daunnya. Hiris nipis bawang dan rendam dalam semangkuk air dengan beberapa titis cuka. Biarkan rendam selama 5 minit sebelum toskan. Potong lobak merah menjadi batang mancis.

b) Campurkan daun salad dengan bawang, lobak merah, gochugaru, kicap, sos ikan bilis yang ditapai, cuka epal, gula, serbuk bawang putih, minyak bijan dan bijan. Hidang.

81. Salad Leek/Pa- Muchim

BAHAN-BAHAN:
- 4 batang daun bawang (bahagian putih)
- 1 sudu besar gochugaru serbuk cili
- 2 sudu besar kicap
- 1 sudu besar sos ikan bilis yang diperam
- 4 sudu besar cuka epal atau cider epal
- 2 sudu besar gula
- ½ sudu teh serbuk bawang putih
- 1 sudu besar minyak bijan
- ½ sudu besar bijan

ARAHAN:
a) Basuh putih daun bawang. Potong mereka separuh memanjang.
b) Bahagikan daun dalam dan daun luar kepada dua longgokan. Lipat setiap longgokan separuh, kemudian cincang halus memanjang. Rendam jalur nipis daun bawang dalam semangkuk air dengan beberapa titis cuka. Biarkan rendam selama 10 minit sebelum toskan.
c) Satukan daun bawang, gochugaru, kicap, sos ikan bilis yang ditapai, cuka epal, gula, serbuk bawang putih, minyak bijan dan bijan dalam mangkuk. Hidang.

82. Omelet , Dan Mangkuk Tuna/ Chamchi -Mayo- Deobpab

BAHAN-BAHAN:
- 2 biji telur
- 2 helai daun salad
- ¼ gim helaian rumpai laut (nori)
- 80 g (2¾ oz) ketulan tuna dalam minyak bunga matahari
- ½ sudu teh gula
- 1½ sudu besar kicap
- ½ sudu teh gochugaru serbuk cili
- ½ sudu teh serbuk bawang putih
- 180 g (6½ oz) nasi putih masak, panas
- 2 sudu besar mayonis Minyak sayuran neutral Garam dan lada

ARAHAN:
a) Pukul telur dengan baik dan perasakan dengan garam dan lada sulah. Panaskan kuali yang telah digris dengan minyak sayuran. Tuangkan telur dan kacau untuk membuat telur hancur. Mengetepikan.
b) Potong daun salad dan kepingan rumpai laut menjadi jalur nipis. Toskan tuna, simpan sedikit minyak. Campurkan tuna dan minyak simpanan dalam mangkuk dengan gula, ½ sudu besar kicap, gochugaru dan serbuk bawang putih.
c) Susun nasi dan kemudian daun salad dalam mangkuk hidangan dan siram dengan 1 sudu besar kicap. Masukkan telur dadar hancur , kemudian tuna. Gerimis dengan murah hati dengan mayonis dan selesaikan dengan taburkan dengan rumpai laut gim .
d) Makan tanpa mencampurkan dengan cuba mengambil sedikit daripada semua bahan dalam satu gigitan.

83. Daging Lembu Japchae / Japchae

BAHAN-BAHAN:
- 200 g (7 oz) bihun ubi keledek
- 300 g (10½ oz) stik daging lembu tebal
- 6 sudu besar kicap
- 4 sudu besar gula
- 1½ sudu teh serbuk bawang putih
- 1 sudu kecil lada
- 1 biji capsicum merah (lada)
- 1 lobak merah
- ½ zucchini (labu kuning)
- 4 cendawan pyogo (shiitake) atau cendawan tiram
- ½ bawang
- 3 cm (1¼ inci) daun bawang (bahagian putih)
- 1 biji telur
- 100 ml (kurang ½ cawan) air
- 4 sudu besar minyak bijan
- ½ sudu besar bijan
- 5 biji bawang putih
- Minyak sayuran neutral
- garam

ARAHAN:
a) Rendam bihun ubi dalam air sejuk dan biarkan rendam selama 2 jam, kemudian toskan.
b) Potong daging menjadi jalur nipis. Perap dengan 2 sudu besar kicap, 1 sudu besar gula, ½ sudu teh serbuk bawang putih dan ½ sudu kecil lada semasa anda menyediakan baki hidangan.
c) Potong capsicum, lobak merah dan zucchini menjadi batang mancis. Hiris nipis cendawan dan bawang besar. Cincang daun bawang. Pukul telur dengan secubit garam yang baik. Masak telur dadar nipis dalam kuali minyak panas. Biarkan sejuk, gulung perlahan-lahan dan potong menjadi jalur nipis.
d) Panaskan lebih banyak minyak sayuran dalam kuali dengan api yang tinggi. Tumis lobak merah dan zucchini, perasakan dengan secubit garam. Bila sayur dah empuk sikit, ketepikan dalam mangkuk. Lakukan perkara yang sama dengan capsicum, kemudian cendawan, kemudian bawang. Tumis

daging yang telah diperap selama 5 minit. Ketepikan semua dalam mangkuk yang sama.

e) Sediakan sos. Satukan air, 4 sudu besar kicap, 3 sudu besar gula, 1 sudu kecil serbuk bawang putih dan

f) ½ sudu teh lada. Panaskan 2 sudu besar minyak bijan dan daun bawang cincang dalam kuali besar di atas api sederhana. Apabila daun bawang menjadi aromatik, masukkan bihun dan sos. Masak, kacau, selama 5 minit.

g) Tuangkan bihun panas ke dalam mangkuk sayur. Potong bihun dengan gunting, ke satu arah kemudian ke arah yang lain. Masukkan bijan dan 2 sudu besar minyak bijan dan gaul rata dengan tangan apabila bihun telah sejuk sedikit.

h) Susun japchae di atas pinggan. Hiaskan japchae dengan jalur telur dadar dan hiaskan dengan daun bawang yang dicincang.

84. Bihun Fritters/ Gimmari Rumpai Laut

BAHAN-BAHAN:
- 100 g (3½ oz) bihun ubi keledek
- lobak merah
- 1 batang daun bawang (tiada mentol)
- 1 liter (4 cawan) minyak sayuran neutral, ditambah tambahan untuk sayur-sayuran
- 2 sudu besar kicap
- ½ sudu besar gula
- ½ sudu besar minyak bijan
- ½ sudu teh lada
- 1½ sudu teh garam
- 4 helai rumpai laut gim (nori)
- 50 g (1¾ oz) tepung biasa (semua guna).
- 300 g (10½ oz) adunan goreng Korea

ARAHAN:
a) Rendam bihun dalam air sejuk selama 2 jam untuk diasingkan.
b) Potong lobak merah dan daun bawang. Tumis mereka selama 3 minit dalam sedikit
c) sayuran . Masak bihun dalam air mendidih selama 3 minit. menggunakan
d) colander , segarkannya dengan air sejuk, kemudian toskan dengan baik. Letakkan mereka
e) dalam mangkuk dan potong dengan gunting dua kali, membentuk bentuk silang. Campurkan dengan
f) sayur tumis, kicap, gula, minyak bijan, lada sulah dan 1 sudu teh
g) daripada garam.
h) Potong setiap helaian rumpai laut gim kepada empat segi empat tepat, potong memanjang kemudian bersilang. Letakkan satu segi empat tepat rumpai laut di atas meja kerja, bahagian kasar menghadap ke atas. Susun sedikit bancuhan bihun mengikut lebar,
i) sikit kat tengah. Menggunakan air sejuk, lembapkan jalur 1.5 cm (⅝ inci) di bahagian atas helaian. Gulung rapat. Bahagian yang lembap akan melekat dan menutup gulungan. Lakukan perkara yang sama untuk semua helaian rumpai laut.

j) Campurkan tepung dengan ½ sudu teh garam. Panaskan minyak hingga 170°C (340°F). Untuk memeriksa suhu, biarkan setitik adunan jatuh ke dalam minyak: jika ia serta-merta naik ke permukaan, suhu adalah betul. Taburkan sedikit gulung rumpai laut dengan tepung, pastikan ia disalut sama rata, kemudian celupkannya ke dalam adunan goreng. Menggunakan penyepit, celupkan setiap gulungan ke dalam minyak, gerakkannya ke sana ke mari dua atau tiga kali sebelum melepaskannya ke dalam minyak.

k) Goreng lebih kurang 4 minit. Memasak dilakukan apabila gorengan berwarna perang keemasan. Keluarkan goreng dari minyak dan letakkan dalam colander untuk mengalirkan sekurang-kurangnya 5 minit. Goreng dalam minyak lagi selama 2 minit dan biarkan toskan.

l) Hidangkan panas, celup dalam sos tuigim atau hidangkan bersama tteokbokki tumis bersama pes cili.

85.Mat Ganjang /Mat Ganjang

BAHAN-BAHAN:
- ¼ bawang
- ¼ lobak
- 2 helai daun bawang hijau
- 1 biji lemon
- 1 epal
- 4 ulas bawang putih
- 170 ml kicap
- 130 ml (½ cawan) air
- 65 ml (¼ cawan) alkohol putih (soju atau gin)
- 1 sudu besar sos ikan bilis yang diperam
- 10 biji lada hitam besar

ARAHAN:
a) Kupas bawang dan lobak. Potong kasar daun bawang. Potong bulat nipis lemon dan hirisan nipis epal. Kupas ulas bawang putih.
b) Didihkan kicap, air, alkohol, sos ikan bilis yang ditapai, lobak merah, daun bawang, bawang merah, bawang putih dan lada sulah dalam periuk, bertutup. Reneh selama 10 minit dengan api sederhana. Masukkan lemon dan epal dan reneh selama 10 minit, bertutup.
c) Tutup api dan keluarkan penutup. Biarkan sejuk selama 15 minit. Tapis sos dengan ayak jaring halus. Hancurkan bahan untuk mengeluarkan jus sebanyak mungkin, kemudian buang. Tuangkan sos ke dalam balang atau botol yang telah disterilkan .
d) Biarkan sejuk pada suhu bilik sebelum menutup balang atau botol.
e) Simpan selama kira-kira 3 minggu di dalam peti sejuk.

86. Ayam Korea Rebus/ Dakbokkeumtang

BAHAN-BAHAN:
- 1.2 kg (2 lb 10 oz) ayam keseluruhan
- 2 sudu besar gula
- 2 sudu besar sirap halia
- 4 kentang sederhana
- 2 lobak merah
- 1 biji bawang
- 10 cm (4 inci) daun bawang (bahagian putih)
- 100 g (3½ oz) perapan pedas
- 100 ml (kurang ½ cawan) kicap
- 400 ml (1½ cawan) air
- 100 ml (sedikit ½ cawan) alkohol putih (soju atau gin)

ARAHAN:

a) Bersihkan ayam dengan baik untuk mengeluarkan bulu atau bulu yang tertinggal. Buang lebihan lemak dan kulit dengan gunting dan buang hidung pendeta. Potong leher untuk memotong ayam separuh memanjang. Potong sayap, paha dan batang drum. Potong setiap ayam separuh dalam dua atau tiga lebar , biarkan dada ayam melekat pada kepingan bangkai.

b) Satukan ayam yang telah dipotong bersama gula dan sirap halia. Biarkan berehat selama 20 minit. Sementara itu, kupas dan potong kentang separuh, lobak merah dalam bahagian 2 cm (¾ inci) dan bawang dalam empat bahagian. Potong daun bawang kepada kepingan 2 cm (¾ inci).

c) Selepas 20 minit berehat, masukkan perapan pedas dan kicap ke dalam ayam. Gaul hingga menyalut ayam dengan sos. Letakkan ayam dalam periuk, masukkan kentang, lobak merah, bawang, air dan alkohol. Didihkan dan masak, bertutup, selama 10 minit dengan api yang tinggi, kemudian kacau. Tukar kepada api sederhana dan buka penutup sedikit. Biarkan mendidih selama 30 minit, kacau selalu. Masukkan daun bawang dan reneh selama 10 minit lagi.

87.Daging lembu Jangjorim / Sogogi Jangjorim

BAHAN-BAHAN:
- 1 kg (2 lb 4 oz) stik penyangkut (onglet)
- 2 liter (8 cawan) air
- 100 ml (sedikit ½ cawan) alkohol putih (soju atau gin)
- 3 helai daun bawang hijau
- 1 biji bawang
- 20 biji lada hitam besar
- 50 g (1¾ oz) ulas bawang putih
- 10 g (¼ oz) halia segar
- 200 ml (¾ cawan) kicap
- 50 g (1¾ oz) gula

ARAHAN:

a) Potong daging kepada kira-kira 15 cm (6 inci) bahagian lebar. Rendam dalam air sejuk selama 1½ jam untuk mengeluarkan darah, tukar air setiap 30 minit. Didihkan air dalam periuk. Rendam kepingan daging ke dalam air dan rebus selama 5 minit, kemudian toskan dan basuh di bawah air yang mengalir, berhati-hati untuk mengeluarkan darah beku.

b) Tuangkan 2 liter (8 cawan) air dan alkohol ke dalam periuk. Selamatkan daun bawang, bawang besar, biji lada, bawang putih dan halia yang dikupas dalam beg kain kapas. Letakkan beg dalam periuk dan biarkan mendidih. Masukkan daging. Reneh selama 50 minit dengan api sederhana, ditutup sebahagiannya.

c) Keluarkan beg muslin dan buang isinya. Ketepikan daging dan kuahnya secara berasingan. Biarkan kuahnya sejuk sehingga lemak menjadi pejal di permukaan, kemudian melalui penapis jaringan halus untuk membuang lemak. Cincang daging dengan tangan anda ke arah gentian otot untuk mendapatkan jalur setebal kira-kira 5 mm (¼ inci).

d) Didihkan 800 ml (3¼ cawan) sup, kicap, gula dan daging dalam periuk. Masak selama 25 minit dengan api sederhana. Tuangkan daging dan jus ke dalam bekas yang telah disterilkan balang . Biarkan sejuk pada suhu bilik. Daging lembu ini disimpan selama 2 minggu di dalam peti sejuk. Hidangkan sebagai sampingan atau sebagai inti, sejuk atau sedikit hangat.

88. Acar Kicap Timun/Oi Jangajji

BAHAN-BAHAN:
- 5 atau 6 anak timun
- 1 genggam garam laut kasar
- 150 ml (½ cawan) kicap
- 150 ml (½ cawan) cuka putih
- 300 ml (1¼ cawan) bir
- 75 g (2½ oz) gula

ARAHAN:
a) Sapu timun dengan garam laut kasar. Bilas mereka di bawah air dan keringkan dengan tuala kertas.
b) Sterilkan balang. Tuangkan air ke dalam periuk dan letakkan balang dalam keadaan terbalik. Panaskan dengan api yang tinggi dan rebus selama 5 minit. Angkat balang dengan sarung tangan ketuhar dan lap kering apabila ia telah sejuk sedikit.
c) Sediakan bahan perapan. Tuangkan kicap, cuka, bir dan gula ke dalam periuk. Didihkan dan masak, tanpa penutup, selama 5 minit dengan api yang tinggi.
d) Letakkan timun dalam balang yang disterilkan , bungkusnya serapat mungkin. Menggunakan senduk, tuangkan perapan panas terus ke atas timun. Tolak timun ke bawah sedikit dengan sudu. Biarkan sejuk pada suhu bilik. Tutup balang dan simpan di dalam peti sejuk.
e) Acar ini sedia untuk dimakan selepas 1 minggu berehat dan boleh disimpan sekurang-kurangnya 3 bulan.

89. Kimchi Gimbap / Kimchi- Kimbap

BAHAN-BAHAN:
- 200 g (7 oz) kimchi kubis Cina
- 3 sudu teh gula
- timun
- 2½ sudu teh garam, ditambah tambahan untuk perasa
- 3 biji telur
- 1 sudu kecil serbuk bawang putih
- 2 lobak merah
- 5 batang surimi (ketam).
- ½ sudu besar kicap
- 300 g (10½ oz) nasi putih masak, suam
- gim besar (nori)
- 2 keping ham kaki Minyak bijan
- Minyak sayuran neutral
- bijan

ARAHAN:
a) Basuh kimchi dan perah di tangan anda untuk mengeluarkan jus, kemudian potong kecil. Campurkan dengan 2 sudu teh minyak bijan dan 1 sudu teh gula sehingga sebati. Potong timun menjadi batang mancis, campurkan dengan ½ sudu teh garam, gaul rata dan tekan menggunakan tangan untuk mengeluarkan air yang berlebihan.

b) Pukul telur. Perasakan dengan 1 secubit garam dan serbuk bawang putih. Buat 2 biji telur dadar yang sangat nipis dalam kuali minyak panas, kemudian ketepikan. Potong lobak merah menjadi batang mancis. Tumis lobak merah selama 3 minit dalam kuali yang telah disapu minyak panas dan perasakan dengan 1 secubit garam, kemudian ketepikan. Carik-carik batang surimi dengan tangan dan tumis selama 3 minit dalam kuali minyak panas, masukkan 2 sudu kecil gula dan kicap semasa menggoreng. Campurkan nasi dengan ½ sudu besar minyak bijan dan baki 2 sudu teh garam (A).

c) Untuk membentuk gulungan pertama, letakkan 1 helai rumpai laut di atas tikar buluh (gimbal atau makisu), bahagian kasar menghadap ke atas. Tutup rumpai laut dengan lapisan nipis beras yang rata. Susun 1 keping ham di atas nasi, potong supaya ia menutup permukaan helaian di bahagian bawah.

Letakkan telur dadar di atas, potong dengan cara yang sama. Di tengah-tengah telur dadar, letakkan beberapa timun, surimi, lobak merah dan kimchi bersebelahan.

d) Lipat bahagian bawah helaian menggunakan tikar (BC) untuk menutup bahan, tekan kuat-kuat supaya nasi melekat pada bahagian luar rumpai laut.

e) Di pinggir atas helaian rumpai laut, hancurkan beberapa butir beras untuk membantu menutup gimbap dengan betul (D). Ulangi proses sehingga helaian telah digulung sepenuhnya. Menggunakan berus pastri, sapu bahagian atas gulungan dengan minyak bijan.

f) Potong gulungan menjadi bahagian tebal 1 cm (½ inci) (E). Ulang untuk gulungan kedua. Taburkan dengan bijan dan nikmati (F).

SAMBAL IKAN BILIS PERAIM

90. Lempeng Kimchi/ Kimchijeon

BAHAN-BAHAN:
- 500 g (1 lb 2 oz) kimchi kubis Cina
- 2 sudu teh gochugaru serbuk cili
- 2 sudu besar sos ikan bilis yang diperam
- 650 g (1 lb 7 oz) adunan lempeng Korea
- Minyak sayuran neutral

ARAHAN:
a) Potong kimchi menjadi kepingan kecil dengan gunting dan letakkan dalam mangkuk tanpa mengeringkan jus. Tambah gochugaru serbuk cili dan sambal ikan bilis yang diperam. Masukkan adunan pancake dan gaul rata.
b) Salutkan kuali dengan minyak sayuran dan panaskan dengan api yang tinggi. Sapukan lapisan nipis adunan kimchi di bahagian bawah kuali. Menggunakan spatula, angkat adunan dari bahagian bawah kuali dengan segera untuk mengelakkan ia melekat. Sebaik sahaja bahagian tepi mula menjadi perang dan permukaannya menjadi sedikit, terbalikkan pancake.
c) Masak sebelah lagi dengan api yang tinggi selama 4 minit tambahan. Ulang untuk setiap pancake.
d) Nikmati dengan sos lempeng Korea atau acar kicap bawang.

91. Daging lembu dengan Cendawan dan Zucchini

BAHAN-BAHAN:
- 150 g (5½ oz) beras putih bijirin pendek
- 200 g (7 oz) daging cincang
- ½ sudu besar sos ikan bilis yang diperam
- ½ sudu besar gula
- ½ sudu teh serbuk bawang putih
- 1 sudu teh alkohol putih (soju atau gin)
- ½ bawang
- 1 lobak merah
- 2 cendawan pyogo (shiitake) atau cendawan butang
- ½ zucchini (labu kuning)
- 1.2 liter (5 cawan) air
- Garam secukup rasa

ARAHAN:
a) Basuh beras tiga kali. Rendam sekurang-kurangnya 45 minit dalam air sejuk.
b) Sementara itu, tepuk daging lembu dengan tuala kertas untuk mengeluarkan darah yang berlebihan. Campurkan daging lembu dengan sos ikan bilis, gula, serbuk bawang putih dan alkohol. Ketepikan selama 20 minit.
c) Potong bawang, lobak merah, cendawan dan zucchini.
d) Toskan beras.
e) Panaskan periuk. Apabila sudah panas, tumiskan daging selama beberapa minit, pastikan dipisahkan kepada kepingan kecil menggunakan sudu. Masukkan beras dan 500 ml (2 cawan) air. Biarkan mendidih. Kecilkan api kepada sederhana, kacau selalu selama 20 minit. Masukkan sayur. Masukkan baki air secara beransur-ansur selama 30 minit seterusnya dengan api perlahan, kacau selalu. Perasakan dengan garam.

92. Zucchini Goreng/ Hobak-Namul

BAHAN-BAHAN:
- 2 zucchini (labu kuning)
- ½ bawang
- ½ lobak merah
- 2 ulas bawang putih
- 2 sudu besar minyak sayuran neutral
- 2 sudu kecil sos ikan bilis yang diperam
- 1 sudu teh minyak bijan
- ½ sudu teh bijan Garam

ARAHAN:

a) Potong zucchini separuh memanjang, kemudian menjadi setengah bulan tebal 5 mm (¼ inci) . Hiris nipis bawang dan potong lobak merah menjadi batang mancis. Hancurkan bawang putih.

b) Salutkan pangkal kuali dengan minyak sayuran dan tumis bawang putih dengan api besar sehingga naik bau. Masukkan bawang besar dan lobak merah. Tumis sehingga bawang mula menjadi lut sinar. Masukkan zucchini dan sos ikan bilis yang diperam. Tumis selama 3 hingga 5 minit. Zucchini harus kekal sedikit rangup. Rasa dan masukkan garam secukup rasa.

c) Matikan api, masukkan minyak bijan dan bijan. Gaul rata dalam kuali semasa masih panas. Nikmati panas atau sejuk.

93.Kimchi Kubis Cina / Baechu -Kimchi

BAHAN-BAHAN:
BRINE
- 2 kobis Cina, kira-kira 1.8 kg (4 lb) setiap satu
- 350 g (12 oz) garam laut kasar
- 2 liter (8 cawan) air

PERAP
- 300 ml (1¼ cawan) air
- 15 g (½ auns) tepung beras
- 100 g (3½ oz) gochugaru serbuk cili
- 10 g (¼ oz) halia
- 1 biji bawang besar
- 1 buah pir
- 70 g (2½ oz) sos ikan bilis yang ditapai
- 50 g (1¾ oz) gula
- 80 g (2¾ oz) bawang putih, ditumbuk
- 1 tandan bawang besar (bawang merah)
- 400 g (14 oz) lobak putih (daikon)
- Garam laut

ARAHAN:
a) Potong perlahan-lahan dan buang hujung keras kubis, pastikan daun kekal melekat bersama. Potong kobis Cina menjadi empat. Untuk melakukan ini, gunakan pisau yang panjang dan sangat tajam. Bermula dari pangkal, potong setiap kubis dua pertiga daripada jalan ke bahagian atas. Pisahkan kedua-dua bahagian dengan tangan (A), koyak bahagian atas daun. Lakukan perkara yang sama untuk kedua-dua bahagian untuk mendapatkan suku kubis. Cairkan 200 g (7 oz) garam laut kasar dalam

b) 2 liter (8 cawan) air, kacau dengan kuat untuk membuat air garam. Celupkan setiap suku kubis ke dalam air garam, pastikan ia dibasahi dengan baik . Edarkan satu genggam garam yang tinggal di antara daun di sekeliling bahagian asas yang kukuh bagi setiap suku kubis.

c) Letakkan suku kubis dalam bekas dengan baki air garam dan bahagian dalam daun menghadap ke atas. Biarkan selama 3 hingga 5 jam, periksa keanjalan daun berhampiran hujungnya. Jika pangkal daun yang keras melengkung di antara dua jari tanpa patah, pengasinan dilakukan . Bilas kubis tiga kali berturut-turut, kemudian biarkan mengalir selama sekurang-kurangnya 1 jam.

d) Sediakan sup tepung beras (B). Tuang 300 ml (1¼ cawan) air dan tepung beras ke dalam periuk. Kacau dan biarkan mendidih, kacau selalu, kemudian kecilkan api sambil terus kacau selama kira-kira 10 minit. Biarkan sejuk, kemudian campurkan dengan gochugaru serbuk cili (C).

e) Halia, bawang merah dan separuh buah pir di dalam pemproses makanan kecil. Kacau adunan ini ke dalam adunan tepung beras. Masukkan sambal ikan bilis (D), gula, bawang putih yang ditumbuk dan bawang besar yang telah dipotong empat lebar dan dua memanjang. Potong lobak putih dan baki separuh pear ke dalam batang mancis dan masukkan ke dalam adunan. Habiskan perasa dengan garam laut mengikut keperluan.

f) Sapu setiap suku kubis dengan perapan (E), termasuk di antara daun. Letakkan setiap suku kubis dengan daun luar menghadap ke bawah dalam bekas kedap udara (F). Isi hanya sehingga 70% penuh. Tutup mana-mana daun kubis tunggal dengan perapan, tutup dengan bungkus plastik dan tutup rapat dengan penutup. Biarkan selama 24 jam dalam gelap pada suhu bilik dan kemudian simpan di dalam peti sejuk sehingga 6 bulan.

94. Timun Kimchi/Oi- Sobagi

BAHAN-BAHAN:
BRINE
- 15 anak timun (1.5 kg/3 lb 5 oz)
- 100 g (3½ oz) garam laut kasar, ditambah tambahan untuk membersihkan timun
- 1 liter (4 cawan) air

PERAP
- 60 g (2¼ oz) tepung beras

SUP
- 80 g (2¾ oz) daun kucai
- 2 biji bawang besar (bawang merah)
- 50 g (1¾ oz) ulas bawang putih
- 50 g (1¾ oz) gochugaru serbuk cili
- 50 g (1¾ oz) sos ikan bilis yang ditapai
- Garam laut

ARAHAN:
a) Sediakan anak timun: potong 5 mm (¼ inci) dari hujungnya dan basuh di bawah air sejuk, gosokkannya dengan garam kasar untuk menghilangkan kekotoran dari kulit. Letakkan dalam mangkuk besar. Gaulkan garam laut kasar dengan

b) 1 liter (4 cawan) air sehingga garam larut, kemudian tuangkan ke atas timun . Berdiri selama 5 hingga 8 jam, terbalikkan timun dari atas ke bawah setiap 90 minit. Untuk memeriksa sama ada perapan selesai , lipat timun perlahan-lahan. Ia mesti lembut dan bengkok tanpa patah. Basuh timun dua kali dengan air bersih dan keringkan.

c) Sediakan bahan perapan dengan meletakkan sup tepung beras ke dalam mangkuk. Basuh dan potong daun kucai menjadi kepingan 1 cm (½ inci). Potong mentol spring pada batang mancis dan batangnya separuh memanjang, kemudian menjadi kepingan 1 cm (½ inci). Hancurkan bawang putih. Campurkan sayur dengan sup tepung beras dan masukkan gochugaru dan sos ikan bilis yang diperam. Selesaikan perasa dengan garam laut, jika perlu .

d) Potong timun. Untuk melakukan ini, letakkan setiap timun di atas papan dan potong kepada dua bahagian dengan meletakkan hujung pisau 1 cm (½ inci) dari hujung dan membuat potongan perlahan-lahan. Apabila bilah pisau menyentuh papan, ambil timun, putar dan gerakkannya ke atas bilah untuk memisahkan dengan baik. Lakukan perkara yang sama pada bahagian kedua supaya timun dipotong menjadi empat batang yang masih melekat pada pangkalnya. Isikan setiap timun dengan 1 atau 2 secubit perapan. Gosokkan bahan perapan ke bahagian luar timun juga.

e) Isi bekas kedap udara hingga 70% penuh dengan timun, letakkannya rata dan buat beberapa lapisan. Tutup dengan bungkus plastik dan tutup penutup dengan ketat. Biarkan pada suhu bilik selama 24 jam jauh dari cahaya matahari, kemudian simpan di dalam peti sejuk. Kimchi ini boleh dimakan segar atau diperam mulai keesokan harinya. Timun akan kekal rangup selama kira-kira 2 bulan.

95.Kimchi Lobak Putih/ Kkakdugi

BAHAN-BAHAN:
BRINE
- 1.5 kg (3 lb 5 oz) lobak putih (daikon), lobak hitam atau lobak merah yang dikupas
- 40 g (1½ oz) garam laut kasar
- 50 g (1¾ oz) gula
- 250 ml (1 cawan) air berbuih

PERAP
- 60 g (2¼ oz) gochugaru serbuk cili
- 110 g (3¾ oz) sup tepung biasa (semua guna).
- ½ buah pir
- ½ bawang
- 50 g (1¾ oz) sos ikan bilis yang ditapai
- 60 g (2¼ oz) ulas bawang putih
- 1 sudu teh halia kisar
- 5 cm (2 inci) daun bawang (bahagian putih)
- ½ sudu besar garam laut 2 sudu besar gula

ARAHAN:

a) Potong lobak kepada bahagian tebal 1.2 cm (½ inci), kemudian setiap bahagian menjadi empat. Letakkannya dalam mangkuk dan masukkan garam laut kasar, gula dan air berkilau. Gaul rata guna tangan supaya gula dan garam sebati. Berdiri selama kira-kira 4 jam pada suhu bilik. Apabila kepingan lobak menjadi kenyal, perapan selesai. Bilas kepingan lobak sekali dalam air. Biarkan mereka mengalir selama sekurang-kurangnya 30 minit.

b) Untuk perapan, campurkan gochugaru ke dalam sup tepung biasa sejuk (teknik penyediaan yang sama seperti untuk sup tepung beras, muka surat 90). Haluskan pir, bawang dan sos ikan bilis yang ditapai dalam pemproses makanan kecil dan campurkan dengan campuran tepung biasa gochugaru. Hancurkan bawang putih dan kacau ke dalam adunan bersama halia yang dikisar. Potong daun bawang menjadi kepingan nipis dan kacau ke dalam adunan. Habiskan perasa dengan garam laut dan gula.

c) Satukan kepingan lobak dengan bahan perapan. Letakkan dalam bekas kedap udara, isikan sehingga 70% penuh. Tutup dengan bungkus plastik dan tekan untuk mengeluarkan sebanyak mungkin udara. Tutup penutup dengan ketat. Biarkan selama 24 jam dalam gelap pada suhu bilik dan kemudian simpan di dalam peti sejuk sehingga 6 bulan. Rasa kimchi ini adalah yang terbaik apabila ia diperam dengan baik, iaitu selepas sekitar 3 minggu.

96.Kimchi Kucai/Pa-Kimchi

BAHAN-BAHAN:
BRINE
- 400 g (14 oz) daun bawang putih
- 50 g (1¾ oz) sos ikan bilis yang ditapai

PERAP
- 40 g (1½ oz) gochugaru serbuk cili
- 30 g (1 oz) sup tepung beras
- ¼ pear
- ¼ bawang
- 25 g (1 oz) ulas bawang putih
- 1 sudu besar lemon yang diawet
- ½ sudu teh halia kisar
- 1 sudu besar gula

ARAHAN:
a) Basuh tangkai daun kucai dengan baik dan buang akarnya. Susun sekumpulan daun kucai, mentol menghadap ke bawah, dalam mangkuk besar. Tuangkan sambal ikan bilis ke atas daun kucai, terus ke bahagian paling bawah. Semua batang hendaklah dibasahi dengan baik. Bantu sapukan sos dengan tangan anda, ratakan dari bawah ke atas. Setiap 10 minit, gerakkan sos dengan cara yang sama dari bahagian bawah mangkuk ke bahagian atas batang, dan teruskan melakukan ini selama 30 minit.

b) Masukkan serbuk cili ke dalam sup tepung beras. Tulen pir dan bawang bersama dalam pemproses makanan kecil dan hancurkan bawang putih. Gaul dengan sup tepung beras. Tuang adunan ke dalam mangkuk yang berisi daun kucai. Masukkan limau nipis, halia kisar dan gula. Gaulkan dengan menyalut setiap tangkai daun kucai dengan bahan perapan.

c) Letakkan dalam bekas kedap udara, isi hingga 70% penuh. Tutup dengan bungkus plastik dan tekan untuk mengeluarkan sebanyak mungkin udara. Tutup penutup dengan ketat. Biarkan selama 24 jam dalam gelap pada suhu bilik dan kemudian simpan di dalam peti sejuk sehingga 1 bulan.

97. Kimchi Putih

BAHAN-BAHAN:
BRINE
- 1 kubis Cina, lebih kurang 2 kg(4 lb 8 oz)
- 200 g (7 oz) garam laut kasar
- 1 liter (4 cawan) air

PERAP
- ½ buah pir
- ½ bawang
- 50 g (1¾ oz) ulas bawang putih
- 60 g (2¼ oz) sup tepung beras
- 600 ml (2 cawan) air mineral
- 2 sudu besar sos ikan bilis yang diperam
- 3 sudu besar sirap halia
- 1 sudu besar garam laut

PENGISIAN
- 200 g (7 oz) lobak putih (daikon), lobak hitam atau lobak
- ½ buah pir
- ½ lobak merah
- cili merah (pilihan) 5 batang kucai bawang putih 2 jujub kering
- 1 sudu besar garam laut
- 1 sudu besar gula

ARAHAN:
a) Potong perlahan-lahan dan buang hujung keras kubis Cina, memastikan daun kekal melekat bersama. Potong kubis menjadi empat. Untuk melakukan ini, gunakan pisau yang panjang dan sangat tajam. Bermula dari pangkal, potong kubis dua pertiga daripada jalan ke bahagian atas.

b) Pisahkan kedua-dua bahagian dengan tangan, koyak bahagian atas daun. Lakukan perkara yang sama untuk kedua-dua bahagian untuk mendapatkan suku kubis. Cairkan 100 g (3½ oz) garam laut kasar dalam 1 liter (4 cawan) air, kacau kuat-kuat untuk membuat air garam.

c) Celupkan setiap suku kubis dalam air garam, pastikan ia dibasahi dengan baik . Bahagikan satu genggam garam yang tinggal di antara daun di sekeliling bahagian asas yang kukuh bagi setiap suku kubis.

d) Letakkan suku kubis dalam bekas dengan baki air garam, dengan bahagian dalam daun menghadap ke atas.
e) Biarkan selama 3 hingga 5 jam, periksa keanjalan daun berhampiran hujungnya. Jika pangkal daun yang keras melengkung di antara dua jari tanpa patah, pengasinan dilakukan. Bilas kubis tiga kali berturut-turut, kemudian biarkan mengalir selama sekurang-kurangnya 1 jam.
f) Untuk perapan, tulen pir, bawang merah dan bawang putih dalam pemproses makanan kecil. Tuangkan adunan yang telah dikisar dan sup tepung beras melalui penapis jaringan halus di atas mangkuk, tekan dengan senduk sambil menambah air mineral untuk membantu mengekstrak jus. Apabila hanya serat yang tinggal di dalam ayak, buangkannya. Jika masih ada air, tambahkan kepada jus yang ditapis. Perasakan dengan sambal ikan bilis yang diperam, sirap halia dan garam laut.
g) Untuk inti, potong lobak, pear, lobak merah dan cili merah menjadi batang mancis. Potong daun kucai kepada kepingan 5 cm (2 inci). Keluarkan biji tengah dari jujubes dan potong menjadi batang mancis. Campurkan semua bahan dengan garam laut dan gula.
h) Letakkan 2 atau 3 secubit inti di antara setiap daun kubis dan bungkus setiap suku kubis dengan daun luar terakhir untuk mengekalkan isi di dalam. Letakkan kubis dalam bekas kedap udara, dengan bahagian dalam daun menghadap ke atas, dan tutup dengan bahan perapan, pastikan ia tidak mengisi lebih daripada 80% penuh. Tutup penutup dengan ketat.
i) Biarkan selama 24 jam dalam gelap pada suhu bilik dan kemudian simpan di dalam peti sejuk sehingga 6 bulan. Anda boleh makan kimchi ini selepas 2 minggu.

98. Babi Dan Kimchi Tumis/Kimchi- Jeyuk

BAHAN-BAHAN:
- 600 g (1 lb 5 oz) bahu babi tanpa tulang
- 3 sudu besar gula
- 350 g (12 oz) kimchi kubis Cina
- 10 cm (4 inci) daun bawang (bahagian putih)
- 50 ml (kurang ¼ cawan) alkohol putih (soju atau gin)
- 40 g (1½ oz) pedas

PERAP
- 1 sudu besar sos ikan bilis yang diperam

TAUHU
- 200 g (7 oz) tauhu pejal
- 3 sudu besar minyak sayuran neutral
- garam

ARAHAN:

a) Potong daging babi menjadi kepingan nipis menggunakan pisau yang sangat tajam. Ia boleh dibekukan selama 4 jam sebelum dihiris. Perap hirisan daging babi dalam gula selama 20 minit. Potong kubis menjadi jalur lebar 2 cm (¾ inci). Potong daun bawang kepada bahagian tebal 1 cm (½ inci) secara menyerong. Campurkan kimchi, alkohol putih dan perapan pedas dengan daging babi.

b) Panaskan kuali dengan api besar dan tumis campuran daging babi dan kimchi selama 30 minit. Tambah sedikit air semasa memasak jika adunan kelihatan terlalu kering. Masukkan daun bawang dan tumis selama 10 minit lagi. Perasakan dengan sambal ikan bilis yang diperam.

c) Sementara itu, potong tauhu kepada segi empat tepat 1.5 cm (⅝ inci). Panaskan kuali yang disalut dengan minyak sayuran. Goreng dengan api sederhana sehingga semua sisi berwarna keemasan. Gunakan spatula dan sudu untuk memusingkan kepingan tauhu supaya tidak pecah. Perasakan setiap bahagian dengan garam semasa memasak. Selepas masak, biarkan tauhu sejuk di atas tuala kertas.

d) Letakkan sekeping kimchi dan daging babi pada segi empat tepat tauhu dan makan bersama.

99. Kimchi Stew/Kimchi- Jjigae

BAHAN-BAHAN:
- 500 g (1 lb 2 oz) kimchi kubis Cina
- 300 g (10½ oz) bahu babi tanpa tulang
- 1 biji bawang
- 1 biji bawang besar (bawang merah)
- 2 ulas bawang putih
- 200 g (7 oz) tauhu pejal
- 1 sudu besar gula
- 2 sudu besar sos ikan bilis yang diperam
- 500 ml (2 cawan) air

ARAHAN:

a) Potong kimchi menjadi jalur lebar 2 cm (¾ inci). Potong bahu babi menjadi kepingan bersaiz gigitan. Potong bawang. Potong mentol spring bawang menjadi empat dan masukkan ke dalam bawang. Potong batang daun bawang secara menyerong dan ketepikan. Hancurkan bawang putih. Potong tauhu pejal menjadi segi empat tepat setebal 1 cm (½ inci).

b) Panaskan periuk di atas api besar tanpa minyak. Bila dah panas masukkan kimchi dan tabur gula. Letakkan daging babi di atas dan tabur rata dengan sambal ikan bilis. Masukkan bawang putih yang telah ditumbuk. Tumis selama beberapa minit sehingga daging babi berwarna keemasan dan kimchi mula menjadi lut sinar. Masukkan air dan bawang besar, kemudian gaulkan.

c) Biarkan mendidih dengan api sederhana selama 20 minit, tidak bertutup. Lima minit sebelum akhir memasak, rasakan kuahnya dan tambah lagi sos ikan bilis yang ditapai jika perlu. Masukkan tauhu dan batang daun bawang. Hidangkan panas.

100. Kubis Cina Dengan Sos Kimchi/ Baechu-Geotjeori

BAHAN-BAHAN:
- 600 g (1 lb 5 oz) kubis Cina
- 50 g (1¾ oz) garam laut kasar
- 1 liter (4 cawan) air
- 4 batang kucai bawang putih (atau 2 batang daun bawang/bawang merah, tiada mentol)
- 1 lobak merah
- 1 sudu besar gula 50 g (1¾ oz) pedas

PERAP
- 2 sudu besar sos ikan bilis yang diperam
- ½ sudu besar bijan
- Garam laut

ARAHAN:

a) Potong kubis Cina menjadi kepingan bersaiz besar. Larutkan garam di dalam air dan rendamkan kubis. Biarkan berehat selama 1½ jam.

b) Potong daun kucai kepada kepingan 5 cm (2 inci). Parut lobak merah.

c) Toskan kubis. Bilas tiga kali berturut-turut, kemudian biarkan ia mengalir selama 30 minit. Campurkan dengan gula, perapan pedas, sos ikan bilis yang diperam, lobak merah dan daun kucai. Sesuaikan perasa dengan garam laut. Taburkan dengan bijan.

KESIMPULAN

Dalam mengakhiri perjalanan kami melalui jiwa masakan Korea, kami mendapati diri kami bukan hanya dengan koleksi resipi, tetapi dengan penghargaan yang lebih mendalam untuk warisan budaya yang terjalin dalam setiap hidangan. "JANG: JIWA MASAK KOREA" mengajak kita untuk menikmati intipati abadi Jang dan peranannya dalam membentuk mozek masakan Korea yang meriah.

Sambil kami mengucapkan selamat tinggal kepada halaman yang penuh dengan inspirasi kuliner ini, semoga citarasanya tetap melekat di hati kami, dan semoga kesenian Jang terus memberi inspirasi kepada kedua-dua cef berpengalaman dan tukang masak rumah. Biarkan penerokaan ini berfungsi sebagai peringatan bahawa di sebalik setiap hidangan terdapat cerita, dan dalam setiap gigitan, kita dapat merasai jiwa budaya—budaya yang terkandung dengan indah dalam dunia masakan Korea yang kaya dan beraroma.

www.ingramcontent.com/pod-product-compliance
Lightning Source LLC
Chambersburg PA
CBHW071323110526

44591CB00010B/1001